OU

RÉSUMÉ UNIVERSEL

des sciences, des lettres et des arts,

EN UNE COLLECTION

DE

TRAITÉS SÉPARÉS;

PAR UNE SOCIÉTÉ DE SAVANS

ET DE GENS DE LETTRES,

Sous les auspices de MM. de Balbi, de Blainville, Bory de Saint-Vincent, Champollion, Cordier, Cuvier, Depping, C. Dupin, Eyriès, de Férussac, de Gérando, Jomard, de Jussieu, Laya, Letronne, Quatremère de Quincy, Thénard, et autres savans illustres;

ET SOUS LA DIRECTION

DE M. C. BAILLY DE MERLIEUX,

Avocat à la Cour royale de Paris, membre de plusieurs sociétés savantes, auteur de divers ouvrages sur les sciences, etc., etc.

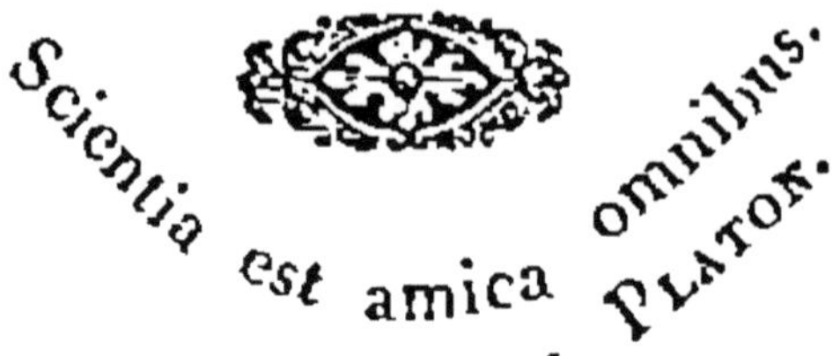

IMPRIMERIE

DE

Decourchant,

RUE D'ERFURTH, N° 1, PRÈS L'ABBAYE.

HISTOIRE

de l'industrie.

*L'industrie et le commerce sont les sources
et les soutiens de l'abondance*

Imp. de Mantou

TABLEAU

HISTORIQUE

DE L'INDUSTRIE

ET

DU COMMERCE,

Contenant l'origine, la découverte et les progrès successifs des Arts agricoles, mécaniques, chimiques, ainsi que du commerce et de la navigation, tant avant que depuis l'ère vulgaire; avec l'aspect commercial des principaux peuples, le Tableau de l'industrie française jusqu'à ce jour et celui de ses importations et exportations en 1789 et 1827; suivi d'une BIOGRAPHIE, d'une BIBLIOGRAPHIE et d'un VOCABULAIRE.

PAR J.-ODOLANT DESNOS,

Membre de plusieurs sociétés savantes, auteur du *Précis de la Minéralogie moderne*, etc.

Nous verrons partout la marche de la civilisation suivre les progrès de l'industrie.

INTROD.

PARIS,

AU BUREAU DE L'ENCYCLOPÉDIE PORTATIVE,

Rue du Jardinet-Saint-André-des-Arts, n° 8;

Et chez BACHELIER, libraire, quai des Augustins, n° 55.

1829.

TABLE
DES MATIÈRES.

DEUXIÈME PARTIE.

FIN DE LA TABLE.

TABLEAU
HISTORIQUE
DE L'INDUSTRIE
ET
DU COMMERCE.

INTRODUCTION.

Origine de l'Industrie.

La conservation, puis l'amélioration de son existence furent sans doute les premiers mobiles qui rendirent l'homme industrieux; en chercher et en inventer les moyens furent le résultat de la nécessité. Adam, ou le chef de notre race, quel que soit son nom, dut éprouver ce besoin; en proie aux besoins de la faim, placé comme la bête fauve au milieu des forêts, il lui fallut, pour vivre et se défendre, user de son instinct naturel et bientôt le développer par son intelligence. Tel est encore aujourd'hui l'Indien des bords du Missouri, dans son état de nature, que nous appelons sauvage. Simple dans ses besoins, il l'est aussi dans ses inventions, et comme la loi du plus fort est toujours la meilleure dans un pareil état de choses, la guerre est son élément. Pour vivre, il casse des branches, forme des cordes avec leur écorce, se fabrique un arc et des flèches, et le premier usage de son industrie est un bénéfice aux dépens du plus faible.

Mais, quel que soit l'état sauvage dans lequel l'homme puisse se trouver, bientôt la différence des sexes se fait sentir, la jeunesse se recherche, les unions s'opèrent, et des troupes d'enfans se groupent autour d'une souche qui, toute nomade qu'elle soit, est toujours obligée d'avoir un point de réunion. Cet échange des désirs des sens est assurément, selon nous, celui qui le premier ait réuni les hommes en société; ne peut-on pas aussi le considérer comme la cause primitive de cette opinion générale qu'il faut donner pour recevoir, et que plus on est réuni sur un même point, plus il est facile de trouver à échanger ce qu'on a de trop contre ce dont on manque? de là, la naissance des familles et des hameaux.

Après ces temps obscurs des premiers âges du monde, nous voyons les arts principaux, dès Caïn, être connus sur la terre; les métaux se pliaient déjà aux volontés de l'homme. Cependant leur emploi fut nécessairement précédé d'une découverte des plus importantes qui paraîtrait n'avoir eu lieu que très tard. Le feu, ou du moins la manière de l'utiliser était inconnue aux peuples anciens : les chroniques des Egyptiens, des Phéniciens, des Perses, des Grecs et des Chinois avouent toutes que dans les premiers temps on n'osait à peine approcher de tout foyer de combustion; c'était un animal dangereux duquel on devait rapidement s'éloigner. Si ces chroniques ne nous trompent pas, il est difficile de concevoir comment on préparait les métaux dans ces temps reculés.

L'homme devait alors emprunter à la terre, pour subvenir à son existence, les fruits, les herbes et les racines qui croissaient naturellement sans culture; aussi les Egyptiens et les Grecs, chérissant plus que nous les souvenirs du passé, rendaient-ils hommage, dans les actes principaux de leur vie, à ce mode primitif de nourriture. Ceux-ci remplissaient de glands et de pain leur corbeille de mariage, et ceux-là, en allant offrir leurs prières à l'Éternel, portaient toujours l'*Agrostis* au temple, comme ayant servi de nourriture à leurs ancêtres. Ces simples offrandes changèrent suivant l'avancement de l'industrie et de la civilisation ; à peine le déluge des Juifs est-il écoulé, qu'on voit naître les sacrifices et les libations, qui d'abord se font avec de l'eau, puis avec du miel, du lait, de l'huile, du vin, de la farine, des animaux et du sel; suivant qu'au fur et à mesure, on découvre ou l'on apprend à se servir des uns et des autres. L'organisation physique de l'homme en fait un être essentiellement carnivore ; aussi le voit-on, outre les fruits et les racines, sacrifier à son appétit les animaux. En effet, dans tous les temps sa puissance s'exerça sur eux. Chez les sauvages, c'est au moyen des instrumens de pêche ou de chasse. Cette habitude de se rassasier de viande fut souvent un besoin qui donna sans doute naissance à ces cannibales et aux autres hordes anthropophages.

L'industrie humaine, possédant une fois

les moyens de répondre aux besoins de première nécessité, en chercha d'autres qui pussent rendre l'existence plus agréable. On fit cuire ou dessécher les alimens aux rayons du soleil, si toutefois on en croit Arrien, Diodore, Strabon et Pline. Cependant toutes les substances alimentaires ne pouvant être rôties, l'on voulut modifier leur cuisson, et, pour les exposer à l'action de la chaleur, on les mit dans des peaux de poisson, comme les sauvages du détroit de Frobisher; dans des peaux d'animaux nouvellement écorchés, comme autrefois dans les îles occidentales de l'Ecosse; ou dans des fruits durs, comme à Siam, où le peuple emploie à cet usage les noix de cocos. Enfin, après avoir fait l'essai de tous ces moyens, on entoura les vases dont on se servait de terre argileuse, et plus tard, on fabriqua ces vases avec cette seule terre, qu'on fit d'abord simplement sécher au soleil, puis calciner au feu, et qu'on revêtit ensuite d'un vernis.

Mais nous n'entrerons pas ici dans des détails qui seront l'objet des chapitres suivans; seulement nous ferons remarquer que l'antique berceau de toute industrie devait appartenir aux Indes orientales; car les Chrischna, les Houlis et les Naréda, fils de Brahmah, personnages les plus célèbres et les plus industrieux de ces contrées, paraissent avoir la plus grande analogie avec Mercure, Apollon, les Muses, quoique pourtant leurs noms ne résonnent pas aussi agréablement à nos oreilles que ceux de ces derniers avec lesquels nous avons continuellement été bercés. Les Indiens cependant ont rapporté tout ce qu'ils savaient aux Samanéens, qui, ayant disparu du rang des nations, leur avaient légué pour héritage leurs connaissances, lesquelles se sont transmises en partie jusqu'à nous, en se répandant chez les Chaldéens, les Perses, les Phéniciens, les Egyptiens, les Chinois, les Scythes et les Atlantes.

Après avoir jeté un coup d'œil sur l'influence de l'industrie et du commerce sur la civilisation des peuples, nous chercherons à démêler le nuage épais qui règne encore sur la marche des découvertes de l'industrie, dans ce long cours des siècles qui nous ont précédés.

Influence de l'industrie et du commerce sur la civilisation.

Dans tous les pays le commerce est nul sans industrie, et pareillement celle-ci ne peut exister sans le commerce qui livre au consommateur les fruits des travaux du producteur. Ce n'est pourtant pas à l'acte seul de la production que se borne l'industrie : son empire est plus étendu, et le commerce n'est lui-même qu'une des branches dont elle se sert pour échanger ses produits contre une valeur représentative.

Si nous cherchons une définition du mot industrie, nous dirons que cette mère des richesses est l'instinct naturel qui nous porte à inventer des objets ou des procédés nouveaux nécessaires aux arts et aux métiers ; à profiter de ces découvertes en les livrant au commerce pour qu'il en échange les produits ; à perfectionner ce qui est déja fait ; à importer d'un pays dans l'autre les inventions dont ce dernier peut avoir besoin, et qui sont déja connues dans le premier ; à faire abandonner la routine, enfin à obtenir de la culture de la terre une nouvelle abondance. Voilà l'industrie telle que nous devons la comprendre.

Cette rotation de la création et de l'échange exista dès les siècles les plus reculés; elle dut sa naissance aux premiers besoins physiques de l'homme, qui, pour y satisfaire, travailla à obtenir ces produits, comme le firent Abel et Caïn avec leurs troupeaux et leurs moissons. Ces échanges se firent d'abord en nature, mais ils ne tardèrent pas à être opérés au moyen d'une valeur de convention précédemment indiquée, valeur qu'on attribua généralement à l'or, à l'argent et au cuivre.

Dès l'instant où ces métaux représentèrent d'autres produits, un commencement de civilisation se fit remarquer; par suite de cette même civilisation la société se partagea naturellement en pauvres ayant peu, et en riches ayant trop, suivant que l'industrie des uns et des autres leur procura le strict nécessaire ou le superflu; et ce fut au groupement des plus industrieux sur un même point géographique qu'on dut les Etats les plus remarquables. L'Asie, cette mère des grands empires et du luxe, ne dut-elle pas ses richesses et le faste de ses rois au commerce dont elle fut le premier théâtre? Tyr, la superbe, ne fut-elle pas le fruit de l'industrie commerciale des Phéniciens? Et la ville de Carthage n'eut-elle pas la même origine? Enfin la Grèce, après avoir été envahie par les Perses, ne se fit-elle pas craindre de ses maîtres, par suite de la puissance qu'elle sut obtenir de son industrie? Sans vouloir indiquer ici toutes les nations qui précédèrent ou survécurent aux guerres d'Alexandre, nous ferons pourtant remarquer encore Marseille, cette colonie de commerçans, portant à Rome l'industrie et la civilisation de la Grèce, avec les richesses des Gaules et de l'Espagne.

Si, comme on le voit, l'on doit à l'industrie, sur certains points géographiques, la naissance de plusieurs grands empires, leur civilisation surtout en ressentit particulièrement l'influence. Ainsi, par exemple, parlerons-nous de cette Angleterre turbulente et cruelle avant la découverte des Indes orientales, et devenant depuis riche, savante et dominatrice de toutes les mers? C'est un de ces grands exemples qu'il ne faut qu'indiquer.

L'industrie, d'après ces faits, se présente donc à nous comme un de ces moteurs de l'esprit humain qui, pour le diriger, puise sa force dans le travail et dans les sciences. Partout son génie peut conquérir, et son image vivante se trouve dans l'abeille butinant sur toutes les fleurs le pollen dont elle a besoin.

Mais dans cette marche de sa puissance, l'industrie est souvent elle-même dirigée par le hasard ou par le besoin. Du reste, quelle que soit la cause qui lui donne naissance, il n'en est pas moins certain qu'elle apporte l'opulence dans un pays, et qu'elle y fait avancer la civilisation. Nous ajouterons encore que son pouvoir n'agit pas seulement sur les premiers développemens de cette civilisation, mais qu'elle peut aussi changer le moral d'un peuple entier, par exemple, de stupide le rendre ingénieux, de paresseux, actif, et de guerrier, pacifique. La France belliqueuse de Napoléon est devenue tout-à-coup une nation nouvelle; guerrière et brillante de gloire, elle a presque au même instant changé ses lauriers, également désastreux pour les vainqueurs et les vaincus, contre des couronnes d'olivier, moins éclatantes sans doute, mais bien plus précieuses pour les peuples. A peine le temple de Janus fut-il fermé, que le commerce et l'industrie reprirent en France tous leurs droits. Dès lors le guerrier, rentré dans ses foyers, y suspendit et ses trophées et ses armes, il contracta de nouvelles habitudes, descendit dans une nouvelle arène, et offrit encore à la patrie un héros qui, bientôt rival audacieux, fit frémir l'Angleterre dans la lutte pacifique des arts.

Nous ne pouvons offrir trop d'exemples de ce changement du moral des peuples par suite de l'influence de l'industrie. D'abord voyons la Russie, cette horde d'Esclavons alliés à d'autres hordes de Scandinaves, se former peu à peu, recevoir des lois sous Ivan IV, faire dans le silence son éducation politique, et arriver au règne de l'illustre Pierre le Grand. Comparant son peuple à demi sauvage aux nations voisines, ce monarque enfante le noble dessein de le civiliser. Afin d'arriver à ce but, il sent qu'il faut savoir ce que les autres ignorent. Il quitte sa cour, voyage dans toutes les contrées, visite toutes les fabriques, se travestit même pour se faciliter l'entrée des chantiers de construction, et l'on voit le plus grand souverain de l'Europe apprendre à se servir de l'équerre et de la hache, recevoir des leçons des plus mauvais manœuvres, et se trouver le compagnon d'une foule d'ouvriers dont il envie le faible savoir. Enfin, chargé d'observations, il revient dans son empire, réunit autour de lui les savans et les artisans dont il a pu se faire suivre; et, digne alors de lui commander, il ordonne à son peuple de s'instruire et de se civiliser, fonde une ville nouvelle; mais la mort le surprend à l'instant où l'industrie florissante à Saint-Pétersbourg donnait à cette ville l'éclat brillant qu'elle possède aujourd'hui.

Quittant la vieille Europe, nous verrons partout encore la civilisation naître avec l'industrie. Les États-Unis d'Amérique profitent des lumières de leur métropole, et ne tardent pas, après avoir conquis leur liberté sous l'étendard de Washington, à donner naissance à l'active industrie qui devient en moins de trente années rivale de celle de la vieille Angleterre.

Un dernier tableau va nous offrir encore l'influence du commerce et de l'industrie. L'Égypte, si brillante autrefois, et si barbare aujourd'hui; la Grèce, patrie des beaux arts dans l'antiquité, et dernièrement encore celle de la servitude, ne doivent-elles pas ce changement à la perte de l'industrie qui, fuyant le sol ingrat de ces contrées, porta les fruits de la civilisation dans d'autres pays. Déjà cependant l'Egypte commence à renaître depuis que Méhémet-Ali, méprisant l'abrutissement de ses prédécesseurs, a appelé près de lui la source réelle de la richesse des nations.

Quant aux habitans de l'Attique et du Péloponèse, esclaves voués par l'ignorance cruelle de la Porte Ottomane à la servitude la plus ignoble, ils n'eurent depuis des siècles que le commerce pour ressource. Peu à peu ce commerce donna naissance à quelques richesses; les Grecs procurèrent à leurs enfans une meilleure éducation, et les hommes instruits et industrieux ne tardèrent pas à sentir un noble orgueil réveiller leur courage. Telle est donc la puissance de l'industrie sur le moral des peuples, qu'elle finit toujours par relever leur esprit, quelque enchaîné qu'il soit sous le joug d'un pouvoir injuste et dominateur.

De tels exemples nous dispensent de faire ressortir l'utilité de cette partie des Sciences historiques qui doit dérouler à nos yeux la marche de l'industrie. Cette branche de l'histoire n'offre pas seulement des faits nombreux, mais elle présente aux méditations du philosophe les causes des progrès continuels de la civilisation ; elle lui montre les Samanéens, les Indiens, les Perses, les Phéniciens, les Scythes, les Atlantes, les Chinois, les Egyptiens, les Grecs, les Romains, les Arabes et les Espagnols briller ou s'obscurcir tour à tour, suivant que l'industrie fut chez eux plus ou moins cultivée : et si nous jetons les regards autour de nous sur les peuples modernes du globe entier, nous y trouverons les mêmes exemples, et y puiserons les mêmes leçons.

PROGRÈS SUCCESSIFS DE L'INDUSTRIE ET DU COMMERCE.

CHAPITRE PREMIER.

Agriculture et économie domestique.

On prétend que ce fut Isis ou Osiris, son époux, en Égypte (6800 avant J.-C.), et Gin-Hoang ou Chin-Nong, successeur de Fo-Hi, en Chine, qui donnèrent aux peuples les premiers principes de l'agriculture; mais ce qu'il y a de certain, c'est que, dans ces deux contrées, la culture de la terre était connue depuis les temps les plus reculés. Les Phéniciens et Babylone naissante ne l'ignoraient pas; Caïn (3600 avant J.-C.), cultivait la terre; et Isaac, en Palestine, semait, et recueillait au centuple. Les Romains, qui la tenaient de *Numa*, et les Latins de *Janus*, disaient même que cet art leur venait de l'Egypte par les Grecs, auxquels *Cérès* et *Triptolème* l'avaient appris.

Les instrumens aratoires de ces époques reculées étaient sans doute bien grossiers. Cependant les plus anciens de ceux dont la connaissance soit parvenue jusqu'à nous, offrent des formes d'une simplicité tellement précieuse, qu'à peine de notre temps encore les a-t-on changés; ainsi la *charrue* en usage à la Chine et en Egypte aujourd'hui, ne diffère pas de celle d'autrefois; ce que l'on peut attribuer à la nature du sol. Cette charrue, si utile pour cultiver le blé, trouvée par Isis, et qui devint l'auxiliaire des bâtons pointus, des houes et des pelles, doit encore, dit-on, son invention à Osiris; et en mémoire de cette découverte, on lui consacra en Egypte les taureaux sacrés Apis et Mnévis.

Ce que nous savons de Joseph, fils de Jacob, nous indique assez à quelle perfection le labourage était porté dans ce pays. Mais l'invention de la charrue fut disputée aux Egyptiens; les Phéniciens l'attribuent à Dacon.

Quoi qu'il en soit, cet ingénieux moyen d'ouvrir la terre fut, peu après, encore puissamment secondé par cet autre instrument appelé *herse*, connu des Chinois bien avant même que Job en parlât. Quant aux Perses, plus tardifs dans leur civilisation, ils attendirent que Huschenk (3600 avant J.-C.), leur offrît les instrumens d'agriculture.

Peu à peu, à force de lui demander les mêmes produits, la terre s'épuisa; ainsi, de nos jours, les champs du sol fertile de Saint-Domingue, par suite d'une culture trop exigeante, se sont refusés à la production. Alors, comme au convalescent épuisé par une longue maladie, ou comme au jeune étourdi fatigué de volupté, il fallut rendre des sucs et des forces à la terre; on remarqua facilement en Egypte que les inondations du Nil donnaient aux champs plus de fertilité en y laissant de la vase; de cette observation naquit peut-être la découverte des *engrais*, et les excrémens des animaux, seuls ou mêlés à des substances végétales, furent enfouis dans la terre pour y subir une fermentation particulière, se changer en substances diverses propres à la végétation et exciter dans le sol une chaleur hâtive.

Ces difficultés vaincues, il fallut recueillir ce qu'on avait fait croître; on commença par arracher les plantes, puis on essaya de couper les moissons avec divers instrumens parmi lesquels se remarqua toujours la *faucille*, quoique jadis, dans les temps fabuleux, on se servît à cet effet de l'antique *faux* de Saturne.

La moisson terminée, le cultivateur, qui n'achète l'existence qu'à la sueur de son front, se livre aux nouveaux travaux qui l'appellent, et il sépare le grain de sa paille et de sa balle : ce qu'on exécutait dès le temps de Moïse, en Egypte, en Palestine, en Asie, en Grèce et en Italie, par le piétinement des bœufs, ou *dépiquage*, puis par le *vannage*, ou par diverses autres méthodes encore usitées aujourd'hui.

Une fois le grain nettoyé, on le fit servir à la nourriture, soit en le trempant et le faisant bouillir comme le riz, soit en le grillant et le torréfiant, comme on le fait toujours en Ethiopie; et ce dernier moyen est assurément le plus ancien, puisque partout on le rencontre chez les peuples sauvages, et qu'on le pratiquait encore dans l'Inde, du temps d'Hérodote. En mangeant le grain bouilli ou torréfié, on reconnut qu'en le broyant avec les dents, il en sortait une *fécule* bienfaisante, très-propre à la nourriture de l'homme. On dut aussitôt chercher à isoler cette fécule, et au moyen d'abord de pilons, de mortiers et de tamis, on obtint de la *farine*. Ainsi faisaient les Grecs et les Romains, qui, certes, n'en avaient pas eu la première idée; car, dès cette époque, il est probable que cette partie de l'industrie avait dégénéré, puisque sous Moïse on connaissait déjà les *moulins à meules*.

Quant à la manière de préparer cette farine, on peut croire qu'une cuisson dans l'eau fut la simple méthode culinaire qu'on adopta d'abord. Cette bouillie est d'origine si, ancienne qu'Abraham, disent les livres de Moïse, en servit aux anges de la vallée de Mambrée.

La continuité d'une chose finit par fatiguer, et cette cause, dans l'origine, porta sans doute les anciens à former avec la farine un mets autre que la bouillie. Peut-être, après en avoir détrempé, leur vint-il dans l'idée d'en faire cuire sur des briques ou plaques chaudes, à la manière dont on cuit les galettes de sarrasin dans le Bocage. Cette découverte d'un *pain sans levain* fit bientôt trouver le moyen de s'en procurer de plus substantiel, en laissant subir à la pâte une fermentation, et la faisant, cuire ensuite dans des endroits chauffés et hermétiquement fermés, auxquels on a donné le nom de *fours*. Cette invention, suivant Suidas, est due à un Egyptien appelé Annus. Quant à l'époque à laquelle on commença la cuisson du pain, elle remonte fort loin, puisque Moïse défendit le pain levé en mangeant l'agneau pascal.

Mais tous les peuples n'avançaient pas en même temps dans les découvertes : l'année 1890 avant J.-C. Pélasgus ne faisait encore manger à ses Arcadiens que des feuilles, des herbes, des racines et des fruits; ce qui plus tard, sur un dire de la Pythie, les fit respecter des Lacédémoniens. Ce ne fut que sous Arcas, fils de Jupiter et de Calisto (1760 av. J.-C.), qu'ils apprirent de lui à semer le grain et à faire le pain.

Chacun, outre l'appétit, a senti ce besoin

appelé soif, que l'usage des liquides rafraîchissans peut seul apaiser. Dans l'origine, l'eau naturelle fut la boisson habituelle; mais dès que la vigne fut connue, dès que par les soins de Noé (3044 ans av. J.-C.), cet arbuste précieux put être propagé, on ne tarda pas à exprimer le suc de ses raisins. Le hasard ayant établi dans ce liquide la fermentation vineuse, l'homme abandonna l'eau pour dissiper sa soif et ses chagrins dans ce jus fermenté qu'on appelle *vin*.

Cependant tous les pays ne pouvant se prêter à la culture de la vigne, on chercha une autre liqueur fermentée, et Osiris, en Egypte, ou quelque autre (vers 1996 av. J.-C.), fit connaître à Péluse la *bière* ou *boisson pélusienne*, dont l'usage se répandit probablement en Grèce, en Italie et dans les Gaules, où on la rencontra aussi dans tous les temps. De la découverte de la bière naquit naturellement celle de l'*hydromel*, de la *chica*, et autres boissons fermentées, découvertes qui, en Chine, valurent l'exil à un de leurs auteurs (l'an 2199 av. J.-C.). A force d'exprimer le suc des fruits divers, pour en essayer les qualités comme boisson, on découvrit l'*huile*, dont la connaissance est attribuée à l'ancien Mercure par les Égyptiens, et à Minerve par les Grecs; suivant la Genèse, Jacob, Job et Moïse en faisaient usage, puisqu'ils s'éclairaient déjà en la brûlant dans des lampes.

Dans les premiers siècles de la civilisation, lorsque les hommes, se tenant éloignés les uns des autres, ne devaient cultiver qu'un très-petit terrain autour de leur habitation, ils placèrent dans ce champ ou enclos tous les végétaux que pouvaient journellement réclamer leurs besoins. Bientôt le goût fut appelé pour présider à cette culture, qui donna naissance aux *jardins;* plus tard le luxe se plut à les décorer avec le faste le plus recherché. C'est à Hespérus (1749 av. J.-C.) qu'on rapporte l'art de conduire et cultiver les jardins.

Ne pouvant suivre à travers les siècles les diverses ramifications de l'industrie agricole, quittons les jardins pour voir Amphictyon, roi des Thermopyles (1523 av. J.-C.), donner aux hommes l'exemple de la sobriété en tempérant son vin par de l'eau, et, deux ans plus tard, Gorgoris, roi des Cynètes, en

Espagne, faire le premier usage du *miel.*

L'agriculture alors (1458 av. J.-C.) commençait à répandre ses faveurs en Etrurie, tandis que dans le même temps, ce fils d'Apollon et de la nymphe Cyrène, si célèbre par les églogues touchantes qu'il inspira tant à Virgile qu'aux autres poètes, le divin Aristée, paraissait sur le sol de la Grèce; il y montrait à faire cailler le *lait*, à cultiver les *oliviers* et à soigner les *abeilles.* Bacchus (1440 av. J.-C.), peu après, tout en inventant la charrue et d'autres instrumens tellement utiles qu'ils lui méritèrent de la part de Strabon le surnom de *génie de Cérès*, ne voulait pas abandonner les plaisirs, et indiquait les meilleurs moyens de cultiver la vigne et ceux d'égayer une nombreuse assemblées par le jeu théâtral.

A cette époque (1423 av. J.-C.), la Sicile voyait briller l'agriculture, grâce à Triptolème, roi d'Eleusis, qui offrit à Rama ou Eleusine, pour la propager après dans toute la Grèce, la meilleure méthode d'ensemencer et de faire du pain; cette méthode fut, avec l'art d'améliorer les terres, transportée en Italie par Janus (1420 av. J.-C.).

Nous venons de voir Bacchus faire cultiver la vigne, mais on dit encore que Staphylus (1400 av. J.-C.) ayant offert du raisin à Œnée, ce roi en fit du vin, cause pour laquelle les Grecs appelaient cette liqueur οἶνος. Cependant ces époques ne sont pas assez éloignées l'une de l'autre, pour que l'on ne puisse croire à l'importation de cette découverte en Grèce, à l'une ou à l'autre.

Si Janus porta en Italie les premiers élémens de l'agriculture, Faunus, fils de Picus, (1283 avant J.-C.), y perfectionna les règles de cet art. Jamais Rome ne fut plus florissante que dans ces temps où Attilius et Cincinnatus quittaient leurs champs et leurs charrues pour venir siéger au sénat. Par suite de leurs conquêtes, les Romains apprirent à perfectionner leur agriculture; ils eurent la première idée de fertiliser le sol avec les fanes des plantes, et sans être les inventeurs de la greffe, ils furent les premiers à la propager.

Passant de l'Italie à la Chine, nous y verrons l'agriculture fleurir depuis les siècles les plus reculés; mais ce fut l'an 1078 avant J.-C. que l'empereur Kang-Van y fit faire des plantations de mûrier, et excita ses sujets à la culture des *vers à soie*. Hésiode, chez les Grecs (944 avant J.-C.), leur apprit plus tard dans ses écrits à observer, pour la culture, les temps et les saisons; et ce peuple, profitant des leçons de ce savant, faisait venir à diverses époques les cognassiers de l'île de Crète, les châtaigniers de Sarde, les pêchers et les noyers de Perse, et les citronniers de la Médie.

Si l'on ne voulait pas croire à l'instabilité des empires, on en aurait bientôt la preuve en voyant les lumières et l'obscurité s'y succéder alternativement. Ainsi, l'Egypte, que nous avons vue précédemment le berceau des arts et de l'agriculture, est si peu restée dans cette brillante position, que Psammeticus (664 avant J.-C.) fut obligé d'y faire cultiver la vigne; et ce ne fut que par sa ferme volonté que le commerce y reparut.

Au reste, c'est d'une manière plus ou moins stationnaire que l'agriculture traversa les siècles éloignés, et cette branche d'industrie ne se fit, pour ainsi dire, spécialement remarquer que vers son origine. Cependant, cherchons encore les principaux faits qui s'y rapportent depuis le commencement de notre ère.

D'abord, jetons un coup d'œil sur l'agriculture des Romains du temps des Césars; elle est assez bien décrite par Caton, Varron, Columelle, Virgile, Pline, Palladius, tous historiens d'une haute renommée. D'après eux, la culture se faisait avec la charrue, en usage maintenant dans nos départemens méridionaux; elle était tirée par des bœufs; on laissait reposer les terres en jachères une année sur deux; ils réchauffaient les terres avec les engrais animaux et végétaux, et ils honoraient tellement l'inventeur du fumier, qu'ils en avaient fait un dieu appelé *Stercutus*. Pour multiplier ces engrais, ils enfouissaient les plantes légumineuses en vert, et faisaient parquer les bestiaux. Leurs grains étaient les mêmes que les nôtres, à cela près du *far*, qui nous est resté tout-à-fait inconnu; leurs légumes étaient également pareils à ceux d'aujourd'hui. Seulement les lupins servaient de nourriture aux hommes et aux animaux; et les choux, dit Columelle, étaient estimés des peuples et des rois. Les Romains élevaient beaucoup de bestiaux qu'ils nourrissaient avec des racines, des grains, et avec les produits des prairies artificielles composées de plantes de la famille des légumineuses. Leurs vignes étaient nombreuses, et les espèces très-variées; elles pouvaient produire, d'après Columelle et Varron, dans les bonnes années, quinze culées ou trente muids par journal. Leurs oliviers n'avaient été importés en Italie, suivant Pline, que postérieurement à Tarquin l'Ancien.

Telle était l'agriculture de Rome ancienne, agriculture qui dégénéra si bien, que cette maîtresse du monde fut obligée d'avoir recours aux étrangers pour donner du pain à son peuple. Plusieurs fois on voulut remettre en vigueur les lois les plus propres à faire renaître l'agriculture; mais des mains couronnées de lauriers, comme écrivait Pline, ne cultivaient plus la terre; les mœurs avaient changé, elles avaient été corrompues par le luxe!

Domitien (92 après J.-C.), voyant le danger de l'ivresse dans laquelle le vin faisait tomber les habitans de ses États, voulut faire arracher toutes les vignes; mais cet absurde système d'amélioration de l'espèce humaine fut réparé (276 après J.-C.) par l'empereur Probe, qui permit aux Gaulois de cultiver la vigne, et en fit planter en Espagne et en Pannonie. Les Gaulois, qui avaient ajouté des roues à la charrue égyptienne, étaient encore les seuls, avec les Bretons, qui connussent l'art d'améliorer le sol par la marne.

330 ans après, un empereur chinois, Yang-Ti, pensait à garantir ses peuples des besoins de la faim; il fit faire, en conséquence, des greniers pour ramasser les grains. Les greniers d'abondance que notre siècle a vu construire à Paris, les silos, connus de la plus haute antiquité et qu'un de nos illustres compatriotes a renouvelés de nos jours, nous offrent la réalisation de la même pensée philanthropique.

On ne peut voir sans étonnement le Nouveau-Monde découvert si tard par les modernes, tandis qu'il paraît certain que les peuples de ces contrées avaient été autrefois en relations actives avec certains pays de l'ancien continent. Ainsi les Mexicains assurent que ce furent les Huns (648 ap. J.-C.) qui leur apprirent la culture du maïs et du coton.

Dans le deuxième siècle, l'empereur Léon plaça les fers a cheval comme un des objets nécessaires a l'équipement du cavalier; ils étaient donc connus à cette époque ; et Guillaume le Conquérant, en 1100, imposa la dépense des fers de sa cavalerie au fief de la ville de Northampson.

Il en est de même d'une science que nous ne rappellerons ici que pour mémoire, et qui semble une découverte moderne, parce que les C. Dupin et autres savans ont osé en faire reconnaître l'importance : c'est la *Statistique*. Dès Guillaume le Conquérant (1080), l'Angleterre offrit un tableau exact de l'étendue, de la valeur, de la différence des terrains, des prés, des bois, des terres labourables, avec les noms des propriétaires, la quantité des esclaves et des bestiaux de ce pays. Enfin un simple chanoine de Brême, appelé Adam, publia même alors (1086) la statistique du Danemark.

Une composition horticulturale, bizarre et pittoresque, se fit alors remarquer pour la première fois ; ce fut celle des *jardins chi-*

nois ou *anglais*. On la doit à Tsaï-King (1114), ministre de la Chine, qui, après avoir fait bâtir un palais à son maître, voulut faire répondre les alentours et l'intérieur à la magnificence des bâtimens : un parc est donc tracé, les parterres dessinés, et des milliers d'ouvriers creusent des rivières, élèvent des montagnes et produisent des accidens artificiels de terrain que l'on orne des arbustes exotiques les plus rares, et de volières remplies d'oiseaux les plus recherchés. Imiter l'irrégularité de la nature sans la torturer, voilà ce qu'il fit, voilà ce que firent depuis, et ce que font encore les Anglais et quelques Français ; mais voilà ce que l'on ne pourra jamais nous forcer de trouver dans les jardins grimacés d'un ou de deux arpens qui verdissent à grands frais dans les murs de Paris.

Dans ces jardins de la Chine, les abris, les chassis et les serres étaient parfaitement connus. Nos parterres leur doivent les amaranthes, les balsamines, les reines-marguerites, etc. Les Chinois cultivent dans ces parcs toutes les plantes utiles ; dans les endroits marécageux ils placent la canne à sucre, et sur les rochers le thé que l'on voit sur toutes les montagnes. Quant à la vigne, elle orne aussi ces jardins, mais seulement comme une culture de luxe.

Après Tsai-King, la Chine vit son agriculture jouir d'une nouvelle faveur sous Houpi-Hai (1287), qui accorda une protection spéciale aux arts industriels, et Giu-Tsong, empereur de ce pays (1318). Afin d'y étendre et perfectionner l'éducation des vers à soie, il fit graver et imprimer exprès un traité sur la maniere de cultiver les mûriers et d'élever les vers.

On peut supposer qu'à cette époque du moyen âge, lorsque les croisades faisaient passer des milliers d'Européens en Asie, on rapporta pour la première fois, de la Syrie en Europe, une foule de végétaux. Ainsi le prunier de Damas, les rosiers à cent feuilles, les lilas, le maïs, l'œillet et les renoncules de Candie, vinrent embellir nos jardins.

Cette importation nous conduit naturellement a parler de l'introduction en Europe des diverses plantes qui s'y trouvent cultivées actuellement. D'après les notes que nous avons pu nous procurer, voici à peu près l'ordre chronologique de leur importation.

Parmi les fleurs, l'œillet fut introduit d'Afrique en France en 1446 ; le souci fut apporté d'Afrique en Espagne, par Charles V, en 1533; la tulipe vint de Ceylan ou de la Turquie en Europe vers 1560 : le commerce de cet ognon fut si considérable à Haarlem, en 1636, qu'il y mit en mouvement un capital de plus de vingt millions de florins. ; la tubéreuse fut rapportée de Java vers l'an 1632 ; et l'hortensia en 1776 ; quant à l'asphodèle, il vient d'Italie ; le lin est indigène à la Syrie et aux montagnes du Jura. Depuis quelques années le nombre des végétaux exotiques de tout genre introduits est trop grand pour que nous puissions les indiquer.

Parmi les plantes usuelles, nous remarquerons d'abord celles dont les dates d'introduction nous sont inconnues, comme l'anis, venu d'Italie en France; la citrouille, d'Astracan; le concombre, d'Égypte; le cresson, de la Crète; l'échalotte; du Levant; l'estragon, d'Asie; le fenouil, des Canaries; le haricot, des Indes orientales; la laitue, d'Asie, d'où elle passa en Hollande et en Angleterre; le lin, d'Asie, lors des guerres de la Grèce, contre Darius; les tomates, du Mexique; les topinambours, du Brésil; et les ognons, d'Orient : ils furent transportés d'abord en Italie, puis en France. Quant aux ognons monstrueux que l'on a remarqués dans Paris en 1828, ils venaient de Madère, et ils étaient connus en Perse, puisque Oléarius dit qu'on y en voyait dont la bulbe pesait plus de trois livres. Ensuite, on sait que le millet fut apporté d'Orient en Italie, par le marquis de Montferrat, en 1204; l'épinard, d'Asie à Valence, en 1258; la bourrache, de la Syrie en Espagne, vers 1300; le safran, d'Afrique en Espagne, par les Arabes, et d'Avignon en France, vers 1300; l'artichaut, d'Arabie en Espagne et puis à Venise, en 1466. Le houblon fut propagé de Hollande en Angleterre en 1520; le sarrasin, d'Afrique en Espagne par les Maures, et d'Asie en Grèce et en Europe vers 1530. Les cardes furent importées de la Barbarie en Italie, puis en France, par Saint-Rabelais, en 1536. Le melon vint d'Asie en France dès 1536. Le maïs, d'Amérique en France. Les scorsonères passèrent d'Afrique en Espagne par les Arabes; et l'on vit arriver la betterave, d'Italie en France, le persil de la Macédoine ou de la Sardaigne, en Italie et en France, en 1550; la luzerne, d'Italie en Angleterre, en 1551; l'ananas, d'Amérique, en 1555; le pastel, des bords de la Baltique en Angleterre, en 1567; la capucine, du Pérou en Europe, en 1580; et le chou-fleur, du Levant en Italie, vers 1580. Les asperges cultivées vinrent d'Asie chez les Grecs et les Romains, et en Angleterre en 1608; les fraises ananas de la Louisiane, en 1767. La garance ne fut importée d'Orient à Avignon, par un pélerin, qu'en 1770.

Parmi les arbres, nous savons que le cerisier, trouvé à Cérasonte, fut apporté en Italie par Lucullus, 70 ans avant J.-C.; que l'oranger et le citronnier vinrent de l'Inde en Égypte, et de la Chine en Portugal, en 1332; que l'abricotier fut importé d'Arménie en Italie vers 1550, et de là en France et en Angleterre. L'olivier fut transporté d'Égypte en Grèce par Cécrops, et en France par les Phocéens, pour passer au Pérou en 1650. Le faux acacia fut introduit en Europe par Robin, en 1670. Les autres arbres exotiques et dont la date d'importation nous est inconnue, sont le châtaignier, venu des montagnes de la Thessalie, et que plusieurs savans pensent indigène en France; le figuier, d'Afrique; le mûrier, de l'Asie mineure : il fut cultivé d'abord dans une partie de la Grèce, qui lui doit son nom (*morus*, Morée), puis il passa en Italie et en France.

Les arbustes dont l'importation en Europe est la plus anciennement connue sont : le grenadier, venu d'Afrique en Espagne et en Italie; le jasmin, des Indes orientales; le limonier, d'Asie; et le pêcher, de la même contrée en Égypte. Suivant Savary, il était même connu des anciens Gaulois.

Dans le quatorzième siècle, l'Angleterre commençant à sentir aussi l'importance de l'agriculture, et profitant de la beauté de ses laines naturelles, ses habitans s'appliquèrent continuellement à les perfectionner. Ce pays avait déjà de si beaux *troupeaux*, qu'Édouard III (1327) en envoya un à Alphonse, roi de Casitlle, comme un riche présent; et en effet, il devint bien important par la suite aux Etats de ce prince, puisque ce fut à cette race multipliée, perfectionnée et croisée par Don Pèdre en 1350, que l'Espagne dut ses *mérinos*, dont les laines sont toujours si recherchées pour leur beauté. Cependant le soin qu'on donna dans ce pays à perfectionner les laines, y fit dégénérer l'agriculture, qui tomba tout-à-fait après la découverte de l'Amérique, vers laquelle se portaient toutes les ambitions et toutes les espérances. Pourtant cette agriculture, sous les Romains et sous les Maures, y avait été assez brillante, comme le prouvent les ouvrages d'Ebn-al-Awam et d'Herrera. Mais la *mesta*, ou privilége illimité du parcours des troupeaux, tout en devenant utile à ceux-ci, fut entièrement nuisible à l'agriculture ; car les propriétaires de terrains, pour ne pas être ruinés, se réduisirent à quelques cultures industrielles indispensables.

Les efforts continuels que partout on a faits pour l'amélioration des laines prouvent l'importance de l'animal qui la produit, le *mouton*. Les races des divers pays ont presque toutes été importées en Europe, et nous sont actuellement connues. Celle d'Afrique fut introduite à Rambouillet par M. de Vergennes; celle d'Arabie, à large queue, est venue en France au retour de l'expédition d'Égypte ; celle de Crète ou de Candie, et celle des *sterpciseros*, est originaire du mont Ida, et passa en Valachie, en Bohème et en Hongrie. Quant à la race des Indes, appelée du Texel ou moutons flandrins, elle fut importée par les Hollandais au Texel, dans la Frise orientale et dans la Flandre; mais on ignore entièrement l'origine de la race commune.

La laine du mouton partage ses avantages avec le poil de certaines *chèvres*. Celles-ci, connues et probablement réduites à l'état de domesticité bien avant les temps historiques, semblent devoir être originaires des montagnes de la haute Asie. Quant à celle de race angora, elle nous est venue de l'Asie mineure. Celle de Barbarie ou de l'Inde fut importée par les Anglais et les Hollandais; celle de Mambique, ou de Syrie, ou du Levant, le fut probablement dans le midi de la France à l'époque des croisades. Nous ne parlons pas de notre race commune et de celle des Pyrénées: leur origine est inconnue; mais nous ne devons pas oublier de mentionner celle de Cachemire ou chèvre asiatique, importée, comme on le verra plus loin, par les soins de M. Jaubert, aux frais de M. Ternaux. C'est à eux que nos dames doivent enfin la véritable matière qui sert dans l'Inde, et maintenant aussi à Paris, à la fabrication des plus beaux cachemires.

Si nous continuons à parcourir l'historique de l'introduction des bestiaux, autant que notre cadre peut nous le permettre, nous rappellerons que le *bœuf*, si utile à l'agriculture, était adoré autrefois en Egypte, et qu'il est encore dans l'Inde l'objet d'une vénération particulière, et la *vache* celui d'un culte religieux. Long-temps les Grecs de Chypre n'ont pas voulu se nourrir de la viande de ces animaux; les tuer était un crime capital chez les Romains, suivant Pline et Columelle. Si le bœuf est indispensable à l'agriculture, il remplace encore les bêtes de somme; ainsi les Hottentots, les colons et les habitans du Valais s'en servent comme de monture, et l'ont habitué à une allure presqu'aussi vive que celle du cheval.

Quant aux bœufs à cornes pendantes et adhérentes à la peau, que nous avons quelquefois remarqués en France, ils paraissent originaires de l'Inde ou du Paraguay, et l'on en voit aussi en Phrygie. L'établissement de

Rambouillet en possédait, même avant 1814, qui n'avaient pas de cornes du tout.

Après cette divinité des Indiens et des Égyptiens, nous devons dire un mot de ce brillant animal qui semble s'identifier avec les volontés de l'homme, et le porte où ses désirs l'appellent. C'est le *cheval*, dont Buffon a fait une si belle description. On ne le trouve plus dans son état naturel et sauvage que dans la basse Arabie ou dans la Tartarie, car ceux de l'Amérique méridionale descendent des chevaux abandonnés par les Espagnols; telle est l'origine des bandes immenses qu'on y voit. Si notre cadre nous le permettait, nous ferions envisager le passage graduel des races, mais nous ne pouvons que les indiquer. Ainsi le cheval tartare est le type des races, et il est originaire du centre de l'Asie; l'arabe, déja dégénéré, est un peu plus fort que lui, et nous vient des plaines de l'Arabie. Les Arabes divisent cette race en deux classes, les kadischi et les kochlani ou kohéile, c'est-à-dire, dont la généalogie est connue depuis deux mille ans : ils assurent que cette race tire son origine des haras de Salomon, et des prix exagérés peuvent à peine leur faire vendre ces chevaux qui sont les meilleurs du monde entier. L'on trouve après eux, toujours en s'éloignant de la race primitive, les chevaux persans, turcs, barbes, puis les chevaux européens, que les croisemens ont entièrement dégénérés, ou qui ne conservent que quelques traces du sang arabe, comme les andalous estimés déjà des Romains, les chevaux allemands, danois, normands, limousins, hollandais et anglais : ceux-ci surtout, depuis leur régénération, se font particulièrement remarquer par l'influence du sang arabe sur leur conformation : autant ils sont brillans et bons chevaux de course et de luxe, autant, pour les services journaliers et de la cavalerie, ils sont au-dessous des bons chevaux du continent; et comme le croisement avec les étalons anglais donne la plupart du temps des bâtards qui n'ont aucune des qualités ni du père ni de la mère, il serait bien à désirer, surtout en France, que l'on ne choisît que des chevaux arabes pour le service des haras.

Après cette monture brillante, une plus modeste se montre encore dans les campagnes, et l'on y trouve l'*âne*, originaire d'Asie et de la côte septentrionale de l'Afrique. Dans ces contrées, il sert de monture et y est même employé à la guerre, parce qu'il a été habitué à conserver les allures du trot et du galop. Sa chair se mange en Asie. Son croisement avec les jumens donne le mulet, tandis que l'on appelle bardeau celui du cheval avec l'ânesse; l'un et l'autre sont fort utiles dans les pays de montagnes.

Enfin, en terminant l'historique des animaux domestiques importans dans nos fermes, n'oublions pas cet animal immonde, dont la chair fut défendue par la loi de Moïse. De tout temps et en tous pays, il fut connu, et il serait difficile de fixer au *cochon* un type originel autre que le sanglier.

Après avoir montré les diverses contrées où les races de bestiaux ont été améliorées ou importées, revenons chez les Portugais, et voyons-les faire en agriculture des découvertes, en transplantant des ceps de vigne de Chypre et des cannes à sucre de Sicile, dans les îles de Madère et de Porto-Santo, où ils les naturalisèrent, pour les transporter ensuite de là en Amérique.

Après qu'Édouard III eut envoyé des moutons à Alphonse, il paraît cependant que les troupeaux dégénérèrent tellement en Angleterre, que Henri VIII, pour rendre aux manufactures de belles laines indigènes, fut obligé de faire venir 3,000 moutons espagnols. Ce souverain n'oubliait pas en même temps le côté agréable de l'agriculture, et c'est à cette époque (1509) que l'on vit le *jardinage*, apporté des Pays-Bas, venir embellir la Grande-Bretagne. La passion du jardinage était alors, comme elle le fut pendant long-temps, portée à l'excès en Hollande, où la conduite des *couches*, des *serres* et des *châssis*, est devenue un art véritable. Non satisfaits des *prairies artificielles*, dont ils retiraient les plus grands avantages, les Hollandais s'adonnaient particulièrement à la culture des fleurs du Cap, et tout le monde sait le prix qu'ils attachent encore aujourd'hui à certains ognons de tulipes ou de jacinthes.

Vers ce même temps 1525, Aviedo fit connaître pour la première fois à l'économie domestique le *coq d'Inde*, qui ne fut importé à Boulogne qu'en 1584.

Mais quelques années avant, les Espagnols, en 1520, adoptèrent l'usage dans leur cuisine de la bouillie de cacao, appelée *chocolat.*

Plus tard, en 1563, les Russes firent une observation curieuse : ce fut celle de la production naturelle du froment en Sibérie. L'agriculture de cet empire, où la végétation ne peut guère se prolonger plus de trois mois, fut toujours aussi variée qu'elle put l'être : on lui doit le lin de Riga, et les fertiles plaines d'Odessa sont un grenier inépuisable, qui deviendrait immense s'il s'étendait en Moldavie et en Valachie, dont les peuplades n'auraient besoin que d'un peu de liberté pour jouir de la fertilité de leur sol.

Un peu avant 1583, l'économie domestique s'enrichit de deux plantes dont le succès en Europe a été colossal : c'est d'une part le *café,* qui, après avoir été découvert par un Molhac appelé *Chadely*, fut apporté d'Arabie à Constantinople en 1554, et mis en usage dans cette ville en 1596. D'une autre part la France reçut, en 1560, le *tabac*, en présent d'un ambassadeur de François II, Jean Nicot, d'où venait à cette plante le nom de

Nicotiane, qu'on lui avait d'abord donné.

Plus de quarante ans après cette importation, Henri IV réveillant le commerce, ranima aussi l'agriculture française et fit planter un grand nombre de *mûriers*, en recommandant la propagation des vers à soie. Ce prince même, pour donner plus d'encouragemens à l'industrie agricole, voulut bien accepter les excellens préceptes qu'Olivier de Serres lui dédia. Son exemple excita les Etats du Nord, et le Danemark fonda le premier une *école vétérinaire*.

Le seizième siècle vit donc l'agriculture honorée; mais la science des *jardins*, dans le siècle suivant, fut élevée, par le célèbre Le Nôtre, au plus haut degré de splendeur. En 1687, cet artiste habile, en asservissant les jardins à la règle et au compas, leur imposa une noblesse et une majesté qui devaient se trouver en harmonie avec les idées de son souverain. Cependant ces lignes droites de gazons ou de charmilles furent tellement multipliées, qu'elles n'offrirent bientôt que du grandiose, sans laisser aux jardins le moindre coloris poétique du paysage. Ce coloris leur fut rendu pour la première fois par Dufresny, qui dessina chez l'abbé Pajot un jardin modèle, présentant aux promeneurs les effets pittoresques de la nature. Mais le grand roi ne put soumettre son esprit à la simplicité de ce naturel, et les *jardins paysagers*, sans s'arrêter en France, passèrent en Angleterre sous la protection de Brown et de Kent. Plus tard ils revinrent dans notre patrie embellir Ermenonville, Prulay et Le Raincy, où la poésie de la nature l'emporte assurément sur la symétrie sèche et monotone de nos jardins géométriques.

Dans le siècle qui suivit Le Nôtre, on essaya, en 1706, mais inutilement, d'introduire la vigne et l'olivier au Mexique. Les Français utilisèrent beaucoup mieux le seul pied de caféier que Louis XIV reçut d'un bourgmestre d'Amsterdam. Ce pied fut porté aux colonies françaises, où, naturalisé, il a donné tous ceux qu'on y voit; mais plus tard (1749), MM. Prevot et Sonnerat ayant, au péril de leur vie, rapporté des Moluques le poivrier, le cannellier, le giroflier et le muscadier, le célèbre Poivre confia ces végétaux aux soins de M. Céré, qui les naturalisa bientôt à l'île de France, ainsi que le mangoustan, le sagoutier, l'arbre à pain et une foule d'autres végétaux.

Les diverses *sociétés d'agriculture* qui se fondaient chaque jour devaient assurer les progrès toujours croissans de l'agriculture, surtout depuis l'introduction en France et en Allemagne des mérinos d'Espagne. Cet élan fut donné par la création de la société d'agriculture de Bretagne, établie en 1757, et par celle de Paris en 1761. C'est assurément à cette dernière que la France est redevable d'une grande partie de ses améliorations agricoles.

Quelques années avant la création de ces sociétés (1756), l'on avait remarqué un philanthrope généreux, le médecin Helvétius, venir au secours des malheureux en inventant les soupes à la Rumford; le peu de soins que l'on a mis, depuis, à les confectionner, a contribué à en éloigner le peuple, toujours persistant dans son préjugé contre elles.

Après l'établissement de la société d'agriculture de Paris, on fonda l'*école rurale d'Alfort*, près de Charenton, en 1766; et dix ans après, M. de Trudaine introduisit en France la race des mérinos. Le pape lui-même,

Pie VI, voulant utiliser au profit de ses sujets ses devoirs temporels, faisait alors (1778) dessécher les marais Pontins; et, à son exemple, la France faisait chez elle de pareils travaux au bénéfice de l'agriculture, qui voyait avec plaisir un souverain l'encourager en fondant la ferme-modèle de Rambouillet en 1786. D'un autre côté, les Anglais voulaient rivaliser avec nous en agriculture, et, malgré le peu d'étendue de leur sol, on sait les progrès qu'ils ont faits dans cette branche d'industrie. Pour y arriver, ils instituèrent le premier *conseil d'agriculture* en 1800; il fut présidé par le célèbre Arthur Young, qui alors publia ses leçons dans son *Cultivateur anglais*. Cet auteur fit aussi vers le même temps la critique la plus amère de la culture de son pays. A cette époque, disait-il, les soixante-sept millions d'acres de terre de la Grande-Bretagne y étaient occupés, sept par les maisons, routes et rivières, cinq par des céréales, vingt-cinq en pâturages, et trente millions d'acres étaient en friches.

L'agriculture, si utile en Europe, devenait de plus en plus indispensable aux îles; aussi créa-t-on, en 1803, des chambres d'agriculture dans toutes les colonies françaises; ces chambres, introduites pareillement en France sous le titre de *sociétés d'agriculture*, y surveillèrent et encouragèrent les cultures exigées par Napoléon dans le midi de l'Europe; comme le coton, l'indigo et la soude, ainsi que les quantités immenses de *betteraves* qui furent cultivées en même temps pour la fabrication du sucre; de sorte que la volonté d'un seul homme rendit au continent ce que la guerre lui faisait perdre et l'empêchait de demander aux pays situés au-delà des mers.

Cependant, cette passion belligérante causa les plus grands torts à l'agriculture, qui, privée de bras suffisans, ne put refleurir qu'à la paix. On vit alors M. Donat, en 1819, inventer un engrais nouveau, qu'il nomma *urate;* l'honorable M. Ternaux, faire importer, par les soins de M. Jaubert, les chèvres du Thibet et ouvrir les *silos* proposés par M. de Lasteyrie. A cette même époque, les efforts de M. Dupré à Lyon, et les miens dans l'ouest de la France, naturalisèrent le *triticum turgidum*, le seul blé propre à la confection des chapeaux de paille d'Italie, dont nous importâmes les premiers la fabrication, maintenant assurée dans ces contrées. Alors aussi M. Vetillart du Mans donnait les meilleures notions sur la culture du lin de Riga, et M. Van-Mons, propageait celle des Dahlias.

En 1820, l'Angleterre importa chez elle la pêche-plate de la Chine; et, en 1821, la chimie fit connaître a l'agriculture la propriété ameliorante pour le sol de la poudre d'os et du sel. L'année suivante, M. Dubuc proposa pour le même emploi l'hydrochlorate de chaux, proposition qui fut suivie, en 1824, de l'importation en France du *tetragonia expansa* ou *épinard de la Nouvelle Zélande*. L'on vit en même temps réussir à Paris les essais de Bonnemain et de Barlow, sur *l'incubation artificielle* des poulets.

Enfin, sans parler de l'importation du melon de Perse, ni des moyens de chauffer les serres par la vapeur et par la circulation de l'eau chaude, ni des charrues inventées par M. de Dombasle, ni des autres inventions agricoles, nous terminerons ce chapitre en disant qu'une branche de l'agriculture deja spécialement chérie en Angleterre et en Hollande, a pourtant reçu un pareil honneur en France, par la création, en 1827, de la *société d'horticulture* de Paris; cette société, fondée par les soins de M. Soulange-Bodin et de quelques autres amis des jardins, donne actuellement aux jardiniers les moyens d'offrir leur métier comme un art agréable, que la science peut aussi diriger utilement. Enfin, nous ajouterons qu'à l'instant où nous traçons ces lignes, M. de Lasteyrie, déjà cher à l'agriculture et à l'industrie, vient encore d'acquérir un nouveau titre à la reconnaissance de ses concitoyens, en fondant à Paris, sous sa présidence, une nouvelle *société*, dont le but est le perfectionnement de tous les objets relatifs à l'*économie domestique*.

CHAPITRE II.

Arts mécaniques et manufactures à métiers.

Chez les peuples dans l'état de simple nature, la froideur des nuits dans les climats chauds, la rigueur des saisons dans les contrées glaciales, portèrent l'homme à jeter sur ses épaules quelque chose qui pût les garantir. Ne connaissant rien de mieux alors, il se servit de la peau des animaux qui tombaient sous ses coups et qu'il écorchait pour en manger la chair. Il se couvrit aussi de *nattes* grossières faites avec l'écorce d'arbres ou d'arbrisseaux, entrelacée, et qui se sont transformées aujourd'hui en *toiles* ou *coutils;* mais ce travail de la toile ne fut découvert qu'après bien des siècles ; aussi jusqu'à cette découverte se couvrit-on simplement de peaux à la manière indiquée par Memrumus aux Sidoniens, plus de 30,000 ans avant notre ère vulgaire, disent les chroniques orientales; puis on chercha ensuite à ramollir ces peaux, qui, en se desséchant, se durcissaient; peu à peu l'on y parvint, et les Chinois attribuent la découverte du *tannage* à Tchin-Fang, ou au fondateur de la dynastie des Chang (1766 av. J.-C.).

Le tannage exigeant qu'on enlevât les poils de dessus les peaux, on voulut utiliser ces déchets; le premier moyen, comme le plus simple qu'on employa, fut le *feutrage*, puis le *fuseau* avec lequel on fila la laine. Les Egyptiens accordent cette découverte à Isis, les Chinois à l'impératrice Yao, les Lydiens à Arachnée, les Grecs à Minerve, et les Péruviens à Mama-OElla, leur première souveraine.

Bientôt, à l'exemple de l'araignée, en croisant les fils sous des angles divers, on en fabriqua les tissus précieux dont nous nous servons, tissus qui, dès le temps d'Abraham, de Joseph et de Moïse, étaient d'une finesse remarquable : déjà ils étaient faits en fils de coton, puisqu'Abimeleck en offrit à Sarah, et que la tunique de Joseph était en coton et rayée de plusieurs couleurs; cependant ce ne fut que l'an 3701 av. J.-C., que Kaio-Murath apprit aux Perses l'art de filer et de fabriquer les tissus; probablement que lui-même devait ces connaissances à des peuples plus avancés dans la civilisation, et l'on peut croire que Nœmah, fille de Lameth, ne créa pas la filature ni le tissage, mais les propagea seulement parmi ses compagnes.

Par la suite le chanvre et le lin furent découverts, et l'on voit Moïse, je ne sais pour quelle raison, défendre aux Hébreux des habits tissus de laine et de lin. Si la volonté d'un seul chef, dans ces temps de barbarie, commandait à la mode, il ne faut cependant pas croire que cette déité n'avait pas alors une certaine influence; car, par suite de cette influence, les fourrures, après avoir été abandonnées pour les tissus, furent reprises pour habillement en Perse, sous Huschenk. Mais déjà, 1100 avant Jésus-Christ, le luxe et le faste étaient connus dans cette partie de l'Asie, et même à la Chine; en effet, dès cette époque, un souverain de cet empire fit fabriquer au métier des *tapisseries* sur lesquelles étaient brodées à l'aiguille divers ornemens.

Il n'en fut pas ainsi chez les Arcadiens, qui plus de 800 ans après ne se vêtissaient encore que de peaux de sangliers. Dans ces temps de barbarie l'Asie seule était civilisée, et à un si haut degré qu'à la Chine un des empereurs, Vou-vang, 1120 av. J.-C., fixait son attention sur l'*encre d'imprimerie* qui devait servir aux caractères mobiles dont on se servait déjà dans cet empire. Peut-être cette branche d'industrie n'a-t-elle point été étrangère à la sagesse qui a perpétué l'existence de ce peuple ; alors ce serait assurément le plus bel éloge de l'utilité de la presse. Il est facile de croire que dans ces siècles obscurs, la mécanique resta tout-à-fait ignorée; le hasard seul en donna les premiers élémens que les sciences peu à peu perfectionnèrent.

Ce fut la guerre qui d'abord donna naissance aux premières machines : ainsi pour son usage furent inventés par Artemon de Clasomène les *béliers* et les *tortues* dont les Carthaginois se servirent au siége de Gad (441 av. J.-C.).

Ce fut Architas de Tarente (381 av. J.-C.) qui fut un des premiers mécaniciens les plus remarquables. Non-seulement il fit des objets de pure curiosité, comme la colombe artificielle; mais on lui doit encore la *poulie*, la *vis*, etc.

Cependant les vêtemens changèrent peu à peu de nature, et ce fut environ 274 ans après le point de départ de l'ère vulgaire que l'Europe connut la manière d'employer la *soie*. Des moines importèrent alors les métiers à tisser qu'ils apportèrent de l'Inde; ce sont eux qui établirent la première fabrique de soieries. Mais ce ne fut que 536 ans après Jésus-Christ que des manufactures bien organisées s'élevèrent à Constantinople; elles offrirent des étoffes fort belles que des Grecs de cette ville, déjà commerçans, faisaient passer jusque chez les Tartares.

Peu de temps auparavant, le malheur fit naître à Bélisaire, assiégé par les Vandales, l'idée des *moulins à bateau*, de sorte qu'il fit transporter sur le Tibre ceux qui ne pouvaient plus tourner sur ses rives, faute de l'eau des courans que les Barbares avaient détournés. Alors aussi (652) la Perse se livrait aux inventions utiles, et on lui doit la première fabrication du *papier de soie*, dont les procédés étaient probablement analogues à ceux employés à la fabrique du papier de coton qu'ils avaient à Boukharie en 704.

La partie de l'industrie appelée mécanique n'avança pas rapidement dans ces premiers siècles de l'ère chrétienne. Cependant on doit remarquer l'invention des *moulins à vent*, qui s'élevèrent chez les Arabes à l'instant où les hordes religieuses de Mahomet et les Vandales du Nord semaient la destruction en Orient et en Occident. Après ces temps de désolation, lorsque le siècle de Zénobie, si remarquable par le luxe que déploya cette reine, et lorsque celui de Constantin, non moins célèbre que le précédent, par l'union qui se fit entre le trône et la religion du Christ, eurent ramené quelque tranquillité, l'on vit l'industrie se relever par les soins de Théodora, femme dissolue et cruelle, quoique chrétienne et dévote. Cette reine extraordinaire, après avoir jeté l'épouvante par ses persécutions dans l'âme des païens, voulut rendre digne du Tout-Puissant les nouveaux temples qu'elle lui éleva. Cet enthousiasme d'une femme encourageait pourtant les artistes, et les églises y gagnèrent, vers cette époque, une découverte qui manquait aux temples des païens : ce sont les *orgues*, mécaniques instrumentales, dont les sons graves et moelleux portent dans l'âme une mélodie céleste, à laquelle la vue de l'intérieur de vastes monumens vient ajouter une mélancolie douce et religieuse.

Plus tard (720), on vit les Français apprendre de quelques Sarrasins, leurs prisonniers, l'art de fabriquer les *tapis de Turquie;* et sur un autre continent, alors inconnu de nos contrées européennes, les Mexicains possédaient des *moulins à sucre* et *à scie.* Ces inventions étaient-elles les fruits de leurs propres découvertes, ou étaient-elles sorties d'un foyer central appartenant à l'ancien continent? C'est ce que nous ne nous permettrons pas de chercher à résoudre.

L'Italie possédait aussi quelques mécaniciens habiles vers la même époque; car le pape Paul Ier envoya à Pepin le Bref la première *horloge à rouages* aperçue en France.

Si quelque branche de l'industrie mérite une place spéciale dans nos annales, c'est assurément l'invention de l'*imprimerie* en Europe; par elle la pensée est un foyer de lumière dont les rayons se répandent et pénètrent partout aussitôt qu'ils sont engendrés; par elle cette pensée est devenue une arme terrible que le tyran doit craindre et que l'homme libre adore. Ce fut chez les Chinois, comme on l'a vu, que cette découverte prit naissance, pour arriver jusqu'à nous, en Europe, bien plus tard.

Mais en l'attendant, la Flandre ne restait pas inactive; la ville de Bruges surtout se faisait remarquer par ses manufactures de *draps* et de *toiles* (969). Un de leurs comtes, Baudouin le Jeune, était l'ami de l'industrie; aussi les franchises qu'il accorda aux foires des Pays-Bas contribuèrent-elles beaucoup à l'éclat et à la splendeur dont brillaient alors les fabriques de la Belgique.

Déjà les Normands de Rollon et de Guillaume étaient naturalisés français; les voyages de ces peuples vagabonds leur avaient appris diverses inventions qu'ils mirent en usage avec profit : telle fut celle des moulins à vent qu'ils importèrent de l'Arabie et établirent les premiers en Europe, en 1105.

La Sicile ne tarda pas non plus à vouloir se distinguer; son sol et son ciel étant propres à l'éducation des vers à soie, Roger l'encouragea; et voulant utiliser cette production, il fit venir de la Grèce, en Calabre (1130), des ouvriers pour établir des manufactures, afin de la mettre en œuvre. Tandis que ce prince appelait ainsi la prospérité dans ses Etats, le roi Richard, en 1197, réglait en Angleterre la vente du drap et défendait l'exportation de la laine.

L'art de la guerre n'étant point de notre ressort, nous ne faisons qu'indiquer ici les *arbalètes* qui remplacèrent, au commencement du treizième siècle, à la bataille de Bouvines (1215), dans les armées françaises, les massues, les frondes et les flèches ; elles furent ainsi les auxiliaires des épées, que nous avons toujours conservées. Nous ne pouvons parler non plus de ces *tours mouvantes* que les Frisons et les Allemands construisirent au siége de Damiette (1218), et qui étaient portées sur deux vaisseaux, de manière à dominer et à abattre la plus haute tour de la ville. Il en est de même des *pao* ou *tours de guerre à double étage*, dont les Chinois firent usage en 1219, quand ils furent subjugués par les Tartares; mais l'industrie, grâce à la mécanique, gagnait bien plus en Europe, en établissant des fabriques de soieries à Grenade en 1225, en élevant en France, à l'exemple des Normands, les moulins à vent, en 1250, et en donnant à l'Angleterre (même année) les moyens de tisser les toiles de lin.

La chimie, comme on le verra, avait à cette époque trouvé la manière de décomposer les chiffons en une espèce de bouillie avec laquelle on pouvait fabriquer du *papier*; un nommé *Pax*, de Padoue (1301), appela la mécanique à son secours pour établir dans cette ville une manufacture de papier, montée en grand, au moyen des pilons, des cuves et des cadres; Jean Kemp, d'un autre côté, porta le premier, en Angleterre, l'art de fabriquer les draps fins (1326 et 1327), et de cette époque date aussi la naissance des armes à feu. D'un autre côté la haute mécanique inspirant Richard Valig-Fort, abbé de Saint-Alban, dans ce même pays, il construisit une horloge sur les bases fixes et positives du calcul et des mathématiques; mais ce fut en France que fut offerte, en 1380, à Charles V, la première *montre* ou *pendule de poche*. Quant aux *montres à répétition*, elles ne parurent à Londres qu'en 1656, et ce fut Louis XIV qui le premier en posséda en France.

Chaque jour pourtant l'Angleterre acquérait de nouvelles richesses en industrie: les toiles ne se fabriquaient alors que dans le Brabant; mais, en 1356, des tisserands étant venus s'établir à Yorck, et plus tard 1386) une compagnie s'étant formée à Londres pour la fabrication des toiles des Pays-Bas, ce travail depuis resta naturalisé en Angleterre.

Après avoir parlé de l'imprimerie en lettres, nous ne devons pas omettre ici une invention créée pour l'amusement d'un roi malade ; cette invention d'un Français est celle de la gravure et de l'impression des *cartes à jouer ;* ces cartes auparavant étaient simplement peintes. Connues à la Chine en 1120, defendues par une ordonnance de saint Louis, en 1254, et par un édit de Charles V, en 1369, elles servirent à délasser Charles VI dans sa maladie, et depuis, les oisifs de tous les pays ont accordé, comme on le sait, une bien grande importance à cette découverte, qui fut suivie d'une autre également intéressante pour les gens riches : c'est celle du premier *carrosse* à coffre suspendu qui servit à la reine Isabeau pour faire son entrée à Paris en 1405.

Dès 1416 on connaissait en France une fabrication dont les produits sont d'un débit immense; c'est celle des *épingles,* dont l'usage ne fut introduit en Angleterre qu'en 1543, par Catherine Loward, femme de Henri VIII.

L'art de l'imprimerie se fondait alors sur des bases plus solides. On essaya d'imprimer avec des *caractères mobiles*, d'abord en bois, inventés en 1430, par Laurentius Coster, que surpassa, sept ans après, dans ce travail,

Jean Mentel, auquel on dut la publication d'une Bible en 1446, imprimée au moyen d'une planche gravée. Mais ce n'était plus, comme on le voit, le système de Coster, et ce ne fut que vers 1450, que Pierre Schœffer, Jean Fust et Jean Guttemberg perfectionnèrent ensemble l'art d'imprimer par le secours de lettres mobiles sculptées sur bois ou sur métal. Pierre Schœffer surtout lui rendit le plus grand service en trouvant le moyen de jeter en moules les caractères mobiles, et de les multiplier par conséquent à volonté comme on le fait aujourd'hui.

Tandis que l'imprimerie faisait des progrès si rapides, Otto de Guericke enrichissait la mécanique des machines pneumatiques ou *pompes à air;* et les beaux-arts, de leur côté, acquéraient aussi la faculté de faire passer à la postérité, en les multipliant à l'infini, les chefs-d'œuvre de la peinture et du dessin. Cette découverte fut celle de la *gravure sur cuivre, au burin* et à *l'eau forte.* Les premiers essais en ce genre sont dus à Masa, dit *Finiguerra,* orfèvre de Florence, en 1458. Cependant un peintre italien, André Mantegne, en réclama l'invention deux ans plus tard.

Ce goût de propager la pensée ou le dessin se répandit en Europe avec une rapidité surprenante, et dès 1462 on vit s'élever à Paris la première imprimerie. Mais laissons cet art prendre tout son développement à Oxford, sous Frédéric Corsellis; à Paris, sous les Ulric Gering, Martin Grants et Michel Friburger (1470), et en Angleterre sous William Caxton qui, le premier, y imprima en se servant de caractères fondus (1474).

Depuis que la Sicile travaillait seule aux soieries, peu de nations avaient cherché à lui ravir cette richesse, ou du moins à entrer en concurrence avec elle. Elle crut donc voir une témérité quand on essaya en France de monter de pareilles manufactures (1470); mais, dix ans après, la ville de Tours prouva que ces essais pouvaient avoir des succès importans, et cette ville se livra d'une manière remarquable à ce genre d'industrie.

Alors encore tout se filait au fuseau, et ce fut en Angleterre, en 1505, que la quenouille fut introduite; et le rouet y fut inventé, dit-on, en 1530, par Furgen de Brunswick.

Bientôt en France on abandonna les fourrures précieuses, et l'on adopta les étoffes italiennes d'or et d'argent. François Ier, ainsi que la reine de Navarre, sa sœur, rendirent à notre patrie l'urbanité qui devait plus tard si bien la distinguer; et, quoique ce ne soit en effet que Henri II qui, au mariage de Marguerite sa sœur, avec le duc de Savoie, ait porté, en 1559, la première paire de *bas de soie*, ce fut en réalité François Ier qui, avec sa grâce habituelle, voulut bien en accepter une faite, pour la première fois, ainsi que plusieurs autres tissus, au métier d'acier, en 1520, par un Français, quoique cet honneur ait été réclamé par un Anglais en 1543. En 1545, un Indien fabriqua en Angleterre les premières *aiguilles* à coudre dont le procédé fut perdu et ne fut retrouvé qu'en 1560.

Ce fut aussi François Ier qui éleva, en 1521, l'imprimerie royale en faveur des lettres, et honora le luxe en adoptant l'usage des carrosses suspendus dont Isabeau s'était déjà servi en 1405. Mais, d'un autre côté, nous ne voyons pas la raison pour laquelle il défendit les étoffes d'or et de soie en 1540; car, en voulant arrêter cet autre genre de luxe, n'était-ce pas entraver une des branches principales du commerce? Tandis qu'il faisait ces défenses, des moines arrivant de Tartarie, et comme pour rendre plus difficile l'exécution des ordres de ce roi, établirent en Europe des manufactures de soieries.

Le simple *monnoyage* à bras n'allait pas assez vite, à cette époque, pour les besoins du commerce; aussi Aubry Olivier, voulant y remédier, inventa-t-il celui par le *balancier*, en 1553.

Le climat de l'Asie y fit naître naturellement l'usage des *éventails;* mais ils ne devinrent un article d'industrie pour la France qu'en 1575. Cependant, vers le même temps, les cruautés du duc d'Albe en Flandre, et les persécutions des réformés en France, chassèrent les meilleurs ouvriers de ces deux pays, et l'Angleterre profita adroitement de cette malheureuse émigration, de sorte que les bons ouvriers de France n'étaient plus que des étrangers. Ainsi ce furent des Italiens qui inventèrent à Lyon les *basins* et autres étoffes croisées, en 1580. Durant ces années désastreuses, le commerce pourtant gagna beaucoup dans l'invention des *messageries*, et quelque mauvaises que fussent ces voitures, elles n'en furent pas moins, dès l'origine, des moyens de transport de la plus grande utilité. Enfin Henri IV, une fois sur le trône, cicatrisa une partie des plaies de son royaume. Par ses ordres on vit s'élever en France des manufactures de *soieries*, de *tapisseries* et des *tapis de la Savonnerie*, à Chaillot, en 1603, ainsi que la fameuse *Samaritaine*, chef-d'œuvre de mécanique hydraulique pour le temps.

A cette époque, l'Angleterre jouissait toujours de la prépondérance que lui avaient donnée nos ouvriers et ceux de la Flandre; elle fabriquait les plus beaux draps de l'Europe. Pourtant la France, en 1616, la devança dans l'établissement des manufactures de soie, qui ne furent importées en Angleterre qu'en 1620. Dix-sept ans après, le célèbre Descartes offrit aux arts la *presse hydraulique*, dont l'ignorance refuse encore d'appliquer la force à certains travaux industriels et journaliers. Pour mon propre compte, je n'eus qu'à me féliciter de l'avoir introduite, quoique avec la plus grande opposition, dans mes ateliers de chapeaux de paille d'Italie, quand je me livrais à cette branche d'industrie.

Vers l'année 1642, d'après les Mémoires de Puységur, on inventa les *bayonnettes*, armes dont une fabrique fut établie, en 1670, à Bayonne, qui lui imposa son nom. Mais bien avant, l'invention de la poudre avait donné lieu, comme on le verra dans le chapitre suivant, à celle des fusils et canons, machines destructives qui dûrent leur pouvoir à la chimie.

Jean Hindret, profitant, quelques années après, de la protection d'un grand ministre, fit monter au château de Madrid, près de Paris, la première manufacture de *bas au métier*; puis Jean Fromentel inventa ses *pendules*, en 1662; la même année, la première *pompe à feu* fut élevée à Paris, tandis que le marquis de Worcester décrivait, en 1683, la première machine à vapeur qu'il avait inventée, dit-il, en 1663; cependant la force de la vapeur fut connue bien avant lui, car Mathésius, un siècle auparavant, et l'italien Bianca, avaient décrit des appareils plus ou moins analogues, et le traité de Walturius de Rimini avait paru dès 1472. L'on sait aussi que le Français Salomon de Caus, en 1615, connaissait cette puissance; qu'en 1695, Papin, contemporain de Worcester, trouva en France son digesteur, et que Savary, quelques années après, publia la description de sa machine, en 1698; puis Newcomeny ajouta le cylindre et le piston en 1710, et Beigton les robinets; de sorte qu'à cette époque seulement la machine à vapeur fut réellement constituée. L'indutrie alors florissait en France; mais Louis XIV n'était pas encore vieux, et il avait Colbert pour ministre: aussi doit-on à ces deux hommes la fameuse *manufacture des Gobelins*, fondée pour école des beaux-arts en 1666, avec les soins des frères Gobelins, qui devaient s'occuper spécialement de teinture et des tapisseries de haute lisse, inventées par les Sarrasins. Le luxe dut encore à Colbert l'importation du travail de la *dentelle de Bruxelles*, dont il fit élever une fabrique en donnant le nom de *point d'Alençon* aux produits qui en sortaient. Dans ces temps où toute importation était reçue avec faveur, on offrit; en 1680, aux Français les *parapluies* ou *parasols*, décrits en 1246 par le cordelier Duplan, et connus de temps immémoriaux à la Chine, en Perse et dans tous les pays méridionaux.

De 1725 à 1737, l'imprimerie reçut un perfectionnement bien avantageux dans l'invention du *stéréotypage*, par William Ged, orfèvre écossais : essais grossiers, quoique importans, qui n'ôtent rien au mérite des travaux des Herhan et des frères Didot, en 1798.

L'horlogerie, à cette époque, fit l'acquisition des montres à ressort spiral, de l'abbé Hautefeuille, Hooke ou Huygens, et des *pendules*, et *montres à répétition*, de l'anglais Barlow.

La mécanique hydraulique obéissait aux désirs d'un roi, et la volonté souveraine de Louis XIV vit la machine de Marly élever les eaux de la Seine jusqu'à Versailles ; mais les plaisirs de sa vieillesse étaient achetés bien chers par son peuple, dont sa main débile exilait un si grand nombre par la signature de la révocation de l'édit de Nantes. Outre ces ouvriers français dont l'Angleterre s'enrichit, elle eut encore le bonheur d'importer chez elle (1670) le travail des *mousselines de l'Inde*, ce que nous ne possédâmes qu'en 1781.

Déjà nous avons vu s'établir quelques *métiers à tissus* et à bas; mais en 1718 parut la fameuse *machine de Lombe*, pour filer la soie.

Elle faisait par 24 heures, 247,726,080 anciennes aunes françaises de fils de soie d'organsin; en Angleterre, en 1733, Wyatt de Litchfield inventa sans succès une machine pour filer le coton, puis John Kay montra un nouveau mode de lancer la navette dans le tissage, et la mode fit imprimer en Angleterre, pour la première fois, en 1750, des toiles de lin ou de coton, ce qu'on ne permit en France qu'en 1759, époque où se fonda la *manufacture de Jouy*, près de Versailles. En 1760, Robert Kay perfectionna le *métier à tisser*, et Thomas Highs produisit, en 1764, l'ingénieuse machine à filer, appelée *Jenny*, et le *métier hydraulique* ou *continu* nommé *Throttle;* mais ce Highs n'était qu'un pauvre ouvrier, de sorte qu'en 1768 son invention lui fut enlevée, et même contestée en 1781 par Richard Arkwright, qui en a conservé toute la gloire.

Samuel Crompton, voulant gagner en promptitude et en finesse, maria ensemble les deux systèmes de la Jenny et du métier hydraulique, d'où il obtint le *mull-Jenny* en 1775, seulement adopté généralement en 1790, à l'instant où l'on commença à y appliquer aussi les machines à vapeur, dont la découverte remonte, comme on l'a vu, à Salomon de Caus et à la machine de Papin. La France, pour la première fois, établissait en 1782, sous les ordres d'Ango, des *planchers en fer;* planchers si communs aujourd'hui en Angleterre, d'où l'on croit à tort que nous les avons importés dans ces derniers temps, comme on le faisait alors des tissus anglais, seules étoffes que les dames voulussent porter : cependant on comptait à Lyon quinze mille métiers en activité en 1787.

Les années s'écoulent sous notre plume sans nous apercevoir que nous touchons à cette malheureuse époque, qui, au milieu des flots de sang dont la France était arrosée, fut témoin de cette belle invention du génie de Chappe; sous le nom de *télégraphe,* il a fait circuler la pensée dans l'espace à des distances immenses avec la rapidité de l'éclair. Cette année (1790), de triste souvenir, vit aussi s'élever pour la première fois cette autre machine faite en faveur de l'humanité, et qui tourna si cruellement à sa destruction; je veux parler de cet instrument de supplice qui fit mourir de chagrin son auteur, l'infortuné Guillotin, se reprochant tous les jours les flots de sang que cette fatale machine avait servi à faire répandre.

A cette époque, les Didot n'eurent qu'à se féliciter de leur invention du *stéréotypage ;* Sennefelder, de Munich, de celle de la *lithographie,* ou l'art d'imprimer avec une pierre; Montgolfier, de son *bélier hydraulique* en 1797; l'Anglais William Robinson, de sa mécanique, quoique inutile, pour filer le lin et le chanvre, en 1798; et Louis Robert, de sa machine à fabriquer le papier d'une grandeur indéfinie, en 1799. Ces inventions s'éclipsaient les unes les autres, il en naissait de tous côtés: c'était, en 1801, un *pont en fer* forgé, qu'on jetait sur la Seine; c'était le *métier à la Jacquart* pour le tissage des étoffes façonnées; c'était la navette volante que les frères Bauwen inventaient; en 1806, c'était un métier fabriquant des étoffes d'une très-grande largeur; plus tard, en 1807, on voyait l'horlogerie faire des progrès importans par les travaux de Breguet et autres; en 1810, on remarquait l'invention des *lampes astrales* de Brodier, et des *lampes de Carcel;* en 1811, celle des *machines* mues par la *vapeur*, soit pour travailler le fer, soit pour scier les pierres. Mais cet élan de la mécanique inquiéta la populace d'Angleterre, et, le 5 janvier 1812, une révolte contre les machines fut suscitée par les Luddites, qui brisèrent à Nottingham tous les métiers mécaniques.

Après la chute de Napoléon, les arts mécaniques firent de nouvelles conquêtes; l'imprimerie reçut les *presses à la Stanhope;* la *machine de Christian* mit sur la voie pour apprêter le lin et le chanvre, sans rouissage; en 1818, parut celle à lainer les draps, des frères Taurin d'Elbeuf. En 1819, plusieurs mécaniciens habiles firent d'utiles présens à l'industrie : M. Regnier inventa son instrument pour faire connaître, par leur pesanteur, la finesse des écheveaux de fil de coton, qui doivent avoir, comme on le sait, mille mètres de longueur; M. Collier présenta sa *tondeuse;* M. Peschot, son *chronomètre français*, et M. Humphry Edwards importa en France sa *machine à vapeur à haute pression.* En 1820, l'on eut à remarquer particulièrement l'invention des *toiles métalliques*, et en 1821, les *réveils* de M. Laresche; la *règle à calculer* ou *logarithmitique*, importée d'Angleterre par M. Jomard, et plusieurs métiers propres à la fabrication de divers tissus.

Si nous continuons à suivre la marche des progrès des arts mécaniques, nous voyons en 1821 M. Roguin inventer sa machine à travailler les bois, et plusieurs auteurs trouver diverses machines à fabriquer les briques. En 1822, on apprend à dessécher rapidement les bois et à les ployer à volonté, d'après la méthode de M. Sargeant, et à mesurer les effets dynamiques des machines de rotation, au moyen du frein de M. de Prony, généralement adopté aujourd'hui. M. Hacks livra à l'Amérique son utile machine à scier les arbres sur pied, machine à laquelle nous ne reprocherons qu'une trop grande pesanteur. En 1823, on ne vit guère que des perfectionnemens; cependant on remarqua la machine à vapeur de notre compatriote Brunel, et celle de Perkins, qu'il appliqua au tir des fusils, en faisant lancer à chaque canon de fusil jusqu'à 240 balles par minute. Entraîné par les calculs, il avait pensé pouvoir appliquer aussi la force expansive de la vapeur aux canons, mais les expériences faites à Vincennes à ce sujet, en 1828, n'ont pas répondu aux espérances de l'auteur. Il en a été de même des machines à broyer le chanvre et le lin, telles que celles de MM. Christian et Laforest; quant au problème de préparer ces matières textiles seulement par des procédés mécaniques, nous le regardons comme une chimère; car jamais les principes gommeux dont il faut les débarrasser, ne pourront l'être que par le rouissage ou par toute autre opération du ressort de la chimie.

Les arts ayant besoin d'un moteur puissant, furent redevables, en 1825, à M. Poncelet, de sa roue hydraulique à aubes courbes frappées en dessous; et enfin M. Brunel commença sous la Tamise un passage qui, s'il réussit, illustrera pour jamais le nom français sur le sol de l'Angleterre. Cette gloire est assurément plus précieuse à la France qu'à M. Brunel lui-même; les regrets de ses compatriotes de ne l'avoir plus au milieu d'eux, le vengent assez d'une patrie dont l'éducation industrielle n'était pas encore suffisamment avancée il y a quelques années, pour lui permettre d'apprécier les talens qu'il fut obligé d'offrir à l'étranger.

CHAPITRE III.

Arts chimiques, technologiques et divers, utiles ou de luxe.

§ I. — *Avant l'ère chrétienne.*

L'on pense bien que l'obscurité qui règne sur les premiers siècles ne nous permet pas de les parcourir pour y trouver l'origine de chaque genre de fabrication; nous ferons seulement remarquer qu'avant la fuite des Juifs de l'Égypte, on savait se former des *habitations* : Tosorthus, successeur de Ménès, un des premiers rois d'Égypte, avait enseigné l'art de tailler les pierres; et Enephès, 5534 av. J.-C., ou Gian-ben-Gian, 150 ans plus tard, avait fait construire une des célèbres *pyramides*; long-temps après (3600 av. J.-C.), Huschenk montra aux Perses l'art de fouiller les *mines* et de conduire les *eaux*. Mais en Epire on attendit que Aidonée, un de ses rois, ou peut-être Pluton, advînt au trône, pour se livrer à ces travaux (1800 av. J.-C.). Du temps de Moïse les *métaux*, comme nous l'avons fait voir dans notre *Précis de miné-*

ralogie, étaient employés avec avantage par Tubalcain. Les Grecs pensaient que le *fer* avait été découvert sur le mont Ida, après un incendie fortuit, quoique quelques-uns aient attribué cette découverte aux Telchines ou aux Dactyles de Crête leurs descendans, ce qui ferait remonter la connaissance des travaux métallurgiques dans ces contrées vers l'an 1950 avant J.-C. Ces Dactyles, habiles en diverses sciences, firent fabriquer, probablement par les Cyclopes, les armes, attributs des dieux ou rois de cette époque. Ainsi ces Cyclopes, enfans de Neptune, durent, suivant la fable, forger (1242 av. J.-C.) les foudres de Jupiter, le casque de Pluton et le trident de Neptune.

Quoi qu'il en soit, dès le temps de Job, l'*or* était précieux, et Abraham acheta un sépulcre quatre cents sicles d'*argent*.

Les Égyptiens, dont les chroniques veulent faire remonter l'origine du monde plus haut que les Juifs et les Chrétiens, attribuaient à leur Vulcain (23,000 av. J.-C.), ou à celui des Grecs (1900 av. J.-C.), l'un de leurs premiers souverains, l'invention des *haches*, des *doloirs*, des *scies*, des *marteaux*, des *enclumes*, des *clous* et des *tenailles*; cela lui mérita d'être déifié. D'autres rapportent ces découvertes à Cyniras, père d'Adonis, et à peu près aussi ancien que Vulcain; mais selon tous, la Thébaïde était le pays où l'on était d'abord arrivé à employer l'or, l'argent et le cuivre, avec lesquels on parvenait déjà à faire des ouvrages du plus grand prix, qui rehaussèrent la splendeur éclatante de l'arche sainte (1594 av. J.-C.).

Quant aux beaux-arts, nous ne devons pas en parler, ne faisant point partie de la tâche que nous nous sommes imposée. Nous ne pouvons rendre honneur au progrès de la sculpture et de la peinture, ni faire remarquer les grossières ébauches des premiers temps, ces idoles qui précédèrent Abraham et Jacob, et qui étaient sans doute aussi éloignées de la perfection que le dieu Terme des païens; nous observerons cependant la marche des sciences, mères de l'industrie, donnant naissance sous Henoch ou Edris (3400 av. J.-C.), suivant les Orientaux, à l'*écriture*, à l'*arithmétique*, à l'*aiguille* et à la *couture*.

Dans une autre contrée, Soui-Gin-Chin,

chef des Chinois (3020 av. J.-C.), n'en était encore qu'à la découverte du fer, tandis que Ménès ou le second Mercure égyptien, voulant cacher au peuple ses annales, tout en leur donnant une existence presqu'ineffaçable, inventait les images symboliques appelées *hieroglyphes*, langue sacrée dont la connaissance se perdit par la suite, même dans le pays où elle prit naissance, mais qui en ce moment, grâces aux recherches persévérées des deux frères célèbres, MM. Champollion, semble sortir de l'obscurité.

C'est encore à ce Ménès qu'on attribue l'art de *mesurer les terres;* mais ce fut à Syphoas, appelé par les Grecs *Hermès* ou *Mercure Trismégiste* (1900 av. J.-C.), que l'on croit devoir attribuer l'origine réelle de la *chimie.*

Les découvertes devant se succéder tour à tour dans les diverses contrées, les habitans de la Grèce restèrent long-temps en retard, et ce fut Prométhée, l'un de leurs législateurs (1749 av. J.-C.), qui leur montra pour la première fois à tirer le feu des cailloux, à forger les métaux et à fabriquer des *statues d'argile.* C'était lui, disait-on à ce propos, qui avait volé le feu du ciel. Après lui, Épiméthée leur enseigna l'art de faire des *vases d'argile*, en attendant qu'Apis (1722 av. J.-C.) vînt leur apprendre l'*art de guérir*. On vit ensuite le luxe lui-même venir rehausser les cultes rendus aux Dieux : ainsi Collithéa, fille de Pyraute, et prêtresse de Junon (1678 av. J.-C.), inventa les *chars* et les *attelages* pour donner plus de pompe aux cérémonies religieuses d'Argos.

Dans le siècle suivant (1600 av. J.-C.), l'écriture courante et les *chiffres* arabes furent généralement adoptés, mais certainement les Tyriens et les autres peuples commerçans avaient dès avant cette époque, comme nous l'avons vu, des moyens d'offrir et de rappeler à leur mémoire leurs diverses opérations. On eut alors l'idée première de cette science des fous et des sages, de cette *chimie* qui donna par suite naissance à l'*alchimie* et à la *magie*, pour redevenir enfin ce qu'elle est et doit être. Ce fut à Coré, parent de Moïse (1598 av. J.-C.), que le secret du grand œuvre dut son origine; puis on vit cette science, sous le nom de magie, passer en Étrurie. On sait trop combien elle a exercé et exerce encore d'influence sur les fabriques pour ne pas la suivre dans la filiation des siècles. N'était-ce pas aussi un chimiste, ou du moins ne devait-il pas être initié dans les hauts mystères, cet Angelo (1522 av. J.-C.) qui, au détriment de sa mère Junon, lui déroba la fabrication du *fard*, pour en faire cadeau à la belle Europe sa maîtresse.

Peu à peu le goût vint, et les yeux furent plus difficiles: la simple blancheur des tissus finit par les fatiguer; il fallut en varier les *couleurs*. Les Chinois font remonter cette invention à l'épouse d'Hoang-ti (2600 av. J.-C.), et, bien avant Job, elle était depuis longtemps connue dans l'Inde et chez les Babyloniens. Les Phrygiens même réclamaient l'honneur d'avoir, les premiers, teint des substances; mais il est des *teintures* sur l'origine desquelles on est d'accord, et c'est par exemple à Phénix, fils d'Agénor, roi de Sidon (1519 av. J.-C.), qu'appartient la découverte de la couleur *pourpre*. Vers cette époque, Tyr et Sidon se faisaient surtout remarquer, à l'envi l'une de l'autre, par leurs manufactures, par l'élégance de leurs ouvrages en bois et en métaux, ainsi que par la blancheur et la finesse de leurs tissus; de cette époque seulement (1 640 av. J.-C.), on peut dater l'origine des fabriques; le *verre*, dont la transparence dut se faire remarquer aussitôt qu'on put l'obtenir, parut à Tyr pour la première fois, et Sidon inventa divers autres objets d'utilité publique et de luxe.

Si ce luxe agissait sur le génie, le dieu de la guerre et des beaux-arts l'animait aussi: d'un côté, les Toscans découvraient les *trompettes;* de l'autre, Linus, les *cordes* sonores de boyaux, et Orphée apprenait à filer les sons plaintifs et mélodieux de la *lyre*. Les Thessaliens (1398 av. J.-C.) trouvaient les moyens de dompter et de dresser les chevaux. Tout en imposant le *mors* à cet animal, ils laissèrent (1360 av. J.-C.) à Bellérophon le soin de montrer aux Grecs à diriger leurs coursiers par le secours de la *bride*, et Circé, sœur d'Eétès, roi de Colchide, offrit à ses peuples les premières courses de *chariots*, ce qui ne fut montré par Antolicus à Hercule que 1292 avant J.-C.

L'an 1301 avant J.-C., un homme d'un

génie extraordinaire parut en Grèce et en Sicile : ce fut Dédale, architecte du fameux *labyrinthe* destiné au minotaure, et auteur des premières *statues automates;* il fut l'inventeur du *niveau*, de la *tarière* et du *vilebrequin.* Acale ou Perdix, appelé aussi Talus, élève et neveu de Dédale, héritier de son mérite, inventa la *roue des potiers* et le *compas*, si utiles dans presque tous les métiers. Cette roue, en imposant plus facilement une forme élégante aux poteries, ne leur donnait pas plus de solidité; mais pour y arriver, Chorabus (1250 av. J.-C.) importa d'Etrurie, en Grèce, la manière de cuire la terre de ces vases antiques dont il ne nous reste aujourd'hui que des fragmens et des échantillons plus ou moins bien conservés.

Au commencement de ce chapitre nous avons vu l'un des Vulcains inventer divers outils. Mais Cinyre, roi de Chypre (1204 av. J.-C.), fut le premier à trouver ou à importer dans ses États les *tenailles*, le *marteau*, l'*enclume* et le *levier*.

Tandis que nous voyons les manufactures d'étoffes de soie s'établir à la Chine (1078 av. J.-C.), les Ioniens inventèrent les *par-*

fums et l'*art du confiseur;* et ensuite Pamphilie, cette fille de Platis, enseigna aux Grecs l'art d'employer la *soie*.

Pendant les premiers temps de la marche progressive de la civilisation, les années s'écoulaient sans être aperçues; mais enfin l'homme, fatigué d'attendre sa dernière heure, voulut, pour ainsi dire, la voir approcher; il inventa les *gnomons* et les *horloges*, dont les Hébreux attribuèrent à tort la découverte à Achaz (739 av. J.-C.).

Si nous repassons chez les Étrusques ou Toscans, nous les trouvons (620 av. J.-C.) occupés à peindre *sur émail*, et à se rendre célèbres par leurs ouvrages en *terre cuite*. Ces peuples et les Grecs étaient arrivés au sommet de la gloire industrielle de cette époque; le luxe voulait des délassemens, et en conséquence Suzarion, à l'exemple de Bacchus, chercha les moyens de lui en procurer de nouveaux, en essayant de jouer la comédie sur des tréteaux. D'un autre côté, la pierre étant, pour le sculpteur trop habile, un objet trop grossier pour mériter qu'il y apportât son ciseau, Paros lui ouvrit ses carrières (360 av. J.-C.), et le marbre s'anima pour offrir aux yeux étonnés des statues d'une beauté parfaite.

Suzarion, après ses premiers essais, vit aussitôt un concurrent ambulant s'établir à ses côtés, et Thespis (534 av. J.-C.) représenta pour la première fois *Alceste* sur un chariot.

Vers ce même temps on échelonna des *relais*, et Cyrus fit établir dans son empire les *postes*, dont les Romains ne purent jouir que sous Auguste, et la France sous Louis XI.

Le goût des spectacles faisait des progrès d'une rapidité étonnante, et ce luxe théâtral s'emparant des décorations, Agatharque leur appliqua (450 av. J.-C.) la perspective; mais alors tous les arts en Grèce ne devaient-ils pas briller du plus grand éclat? c'était le siècle de Périclès, siècle qui vit les Démosthène, les Aristide, les Socrate, les Sophocle, les Pindare et les Platon; qui vit les Aspasie adoucir les guerriers, et les Alcibiade les rendre aimables; qui vit les Hippocrate prendre soin de leurs semblables, et les Zeuxis et les Phidias assurer leur gloire par des tableaux et des statues représentant des divinités qui semblèrent en devenir encore plus sacrées.

Déjà, depuis long-temps, l'orgueil des hommes les avait divisés en classes, et la noblesse dominait les autres, soit par l'influence de la fortune, soit à raison du pouvoir dont elle disposait. Cette fortune surtout, dans tous les temps et dans tous les pays, rendit puissant. C'est un fait que les souverains eux-mêmes savaient apprécier; Philippe de Macédoine craignait, il est vrai, les harangues de Démosthène, mais il craignait bien plus encore de manquer du métal précieux qui séduisit Danaé; aussi mit il à profit la découverte faite de son temps (358 av. J.-C.) d'une mine d'or assez riche.

Quoique Plutus enchaînât les rois et les peuples, il laissait au contraire la liberté à certains beaux-arts et à l'industrie. Aristoxène de Tarente essayait d'imposer des lois à la mélodie et Pergame en Asie rendait célèbres dans le monde entier ses *tapisseries*, tandis que Rome elle-même commençait à honorer la *peinture* (304 av. J.-C.).

Dans ces temps reculés, où l'art de se rapetisser n'était pas encore un talent et où les pygmées étaient des êtres éphémères et méprisés, la fureur des grandes choses animait les peuples : on lui dut l'érection du *colosse de Rhodes,* travail de Charès de Lindes (300 av. J.-C.). Vers cette époque aussi (270 et 284 av. J.-C.) l'invention du *cadran solaire,* faussement attribuée a Achaz (729 av. J.-C.), après avoir passé chez les Grecs, fut ensuite transportée chez les Romains, qui, brillans alors de gloire, virent arriver dans le sein de leur capitale 2000 statues à la fois; ils frappèrent à cette époque les premières *monnaies d'argent* (268 av. J.-C.). Cette cité, déja reine du monde, était pourtant loin de l'industrie des autres contrées; car, sous ce rapport, elle était effacée par Eumène, simple roi de Pergame, qui offrait au burin des historiens une substance moins chère et plus commune que le papyrus, le parchemin, long-temps appelé *papier de Pergame.*

Ce fut dans ce siècle d'Annibal qu'on vit l'homme du génie industriel le plus remarquable, le célèbre Archimède, qui, sentant le premier la puissance des sciences sur les arts, leur en fit l'application dans diverses occasions. Tout le monde se rappelle ce moyen singulier employé par lui pour défendre Syracuse contre Marcellus, dont les flottes furent incendiées par les rayons solaires concentrés et réfléchis par ses miroirs. Les métiers lui doivent la *vis sans fin*, la *vis inclinée*, portant le nom de son auteur, la *poulie mobile* et l'emploi calculé des *leviers* trouvés par Cynire ; 1204 av. J.-C. il trouva l'équilibre des liquides et en tira le principe de la pesanteur spécifique.

On doit à un autre grand homme, disciple de Ctésibius (210 av. J.-C.), à Hiéron d'Alexandrie, la connaissance de l'élasticité de l'air, qu'il appliqua à l'invention de la *fontaine jaillissante* ou *diabète*, à laquelle la création des machines à vapeur doit peut-être consciencieusement se rattacher.

Dans ce siècle encore, les Chinois inventèrent leur *papier de soie*, leur *encre* et leurs *pinceaux* (201 av. J.-C.) ; et pourtant treize ans auparavant les savans avaient été proscrits de cette contrée. On dirait que les sciences retardées voulurent regagner le temps perdu.

Rome, quoique peu commerçante, et tout absorbée par le luxe et par les guerres, ne laissait pas cependant que de se livrer aux beaux-arts dont son faste avait besoin ;

de là naquirent ces *mosaïques*, ou morceaux de verres, de métaux, de pierres ou de terre de couleur, appliqués les uns à côté des autres, et dont on fit un si grand usage dans cette ville.

Vers cette époque aussi (194 av. J.-C.), Hiéron découvrit une des machines les plus utiles, ce sont les *pompes* qui nous servent à faire monter l'eau pour nos services journaliers.

Nous voici maintenant arrivés à la destruction de Carthage (146 av. J.-C.); avec elle périrent, d'un côté, les sciences et l'industrie, en même temps qu'elles dégénéraient de l'autre en Grèce et en Égypte. Rome seule était tout l'univers, et Rome n'était que belliqueuse : aussi son génie était peu inventif, et ses citoyens vivaient aux dépens de leurs conquêtes.

Alors, au contraire (138 av. J.-C.), la Chine, peu commerçante encore au dehors, se livrait aux inventions; ainsi, tandis qu'à Pergame le luxe enfantait les *broderies d'or*, les Chinois découvraient leur *papier* ordinaire pour remplacer l'écorce ou les planchettes sur lesquelles ils avaient jusqu'alors écrit.

Loin de cet empire, tandis que C. S. Curion faisait construire à Rome (52 av. J.-C.) deux *théâtres* en bois, tournant sur des pivots, de manière à pouvoir réunir l'ouverture de leur scène, l'Espagne, quoique riche, faisait peu de travaux; presque toujours sous le joug des vainqueurs, elle était une proie qu'on s'arrachait; pour apaiser la soif dévorante de ses dévastateurs, elle leur ouvrait ses mines, et ce fut dans une telle occasion qu'elle trouva celle de *mercure* à Almader (50 av. J.-C.). Cette mine, livrée à la chimie métallurgique, fut du plus grand secours pour l'exploitation des mines d'or et d'argent de cette même contrée.

Rome, puissante au dehors, embellissait l'intérieur de ses murs de monumens majestueux et gigantesques comme elle; des temples et des amphithéâtres étaient élevés chaque jour, et le Panthéon, réédifié par les soins d'Agrippa, fut le fruit de l'industrie et des beaux-arts de cette époque. Que de souvenirs ne doivent pas réveiller dans l'âme du voyageur philosophe les voûtes de ce monument, où jadis des dieux de tant d'espèces furent adorés, et où l'Éternel seul aujourd'hui reçoit l'encens des chrétiens ! Voilà ce que les arts industriels qui nous occupent offrirent de plus saillant jusqu'au siecle des Césars.

§ II. — *Depuis l'ère chrétienne.*

Pour arriver à cette époque, à peine découvre-t on, dans les procédés de fabrication mis en usage, quelques traces de la science chimique ; mais bientôt elle devait engendrer une foule de procédés utiles aux fabriques et aux manufactures. Déja, l'an 16 ap. J.-C., le *verre* devint malléable sous les doigts d'un malheureux ouvrier, qui, pour prix de ce secret, eut la tête tranchée par ordre de l'infâme Tibère. Caligula, dont le repos ne pouvait être que passionné, faisant succéder la soif de l'or à celle du sang, voulut, en se desséchant sur le feu de ses fourneaux, obtenir le secret du grand-œuvre ; mais s'il pouvait commander aux têtes de tomber, sa puissance ne pouvait aller jusqu'à métamorphoser l'arsenic en or ou en argent. Cette manie de l'*alchimie* fut alors portée si loin, que Dioclétien (296) la proscrivit de ses États, et

Constantin plus tard (337) réprima aussi les magiciens, qui voulaient rivaliser de puissance avec les prêtres chrétiens, et s'attacher l'opinion des peuples. Valentinien et Valence (364) firent même des lois fort sévères contre eux.

Tandis que les alchimistes se livraient à leurs folles recherches, en laissant au hasard les résultats, une femme d'Alexandrie, Hypatie, fille de Théon, inventait (398) un des instrumens de chimie les plus utiles, celui dont Beaumé, le premier, reconnut les secours que l'on en pouvait retirer, l'*aréomètre* enfin, nommé par nous, selon ses usages, *pèse-acides*, *pèse-alcalis*, *pèse-sels*, ou *pèse-liqueurs*.

Tout ce qui sert à la réaction des corps les uns sur les autres étant du ressort de ce chapitre, nous ne devons pas oublier d'y mentionner l'instant (615) où l'on fondit en Bourgogne les premières *cloches* pour les églises. Dans le même temps (628), un métallurgiste célèbre se faisait remarquer par ses ouvrages, et par le rang distingué qu'il occupait dans les bonnes grâces de son souverain : c'était saint Éloi, orfèvre, patron des forgerons, et trésorier de Dagobert.

A cette époque (628), on vit naître l'invention terrible du *feu grégeois*, invention perdue et retrouvée tour à tour, mais à laquelle à présent nous n'attachons plus la même importance : nos compositions plus ou moins analogues, ainsi que nos *fusées à la Congrève*, ne lui cèdent probablemement en rien dans leur pouvoir destructeur. Cependant il est encore à remarquer que déjà une espèce d'*artillerie* était connue au moins des Arabes; car, l'an 690, ils combattirent aux environs de la Mecque avec des *armes à feu*, et s'en servirent encore en 1147, au siége de Lisbonne.

C'est d'alors encore (700) que date l'introduction en Europe, par les Vénitiens, de l'usage des *bougies*, qu'ils empruntèrent aux Orientaux, chez lesquels l'emploi de la cire pour l'éclairage fut connu de tous les temps.

Quelques années après (750), la pâte pour fabriquer le *papier* fut trouvée : d'abord on la fit avec du coton broyé, et l'on donna le nom de *papier bombicien* à son produit. Pour arriver à cette découverte, la chimie devait ou être avancée ou prendre son essor, et en effet, ce siècle et le suivant virent les Geher, les Mazué, les Rhazez, les Thadéus et les Bazile Valentin, l'honorer et l'enrichir de leurs travaux. Déjà même ils reconnurent à certaines sources thermales et minérales leurs qualités bienfaisantes, peut-être trop exaltées de nos jours.

Les Arabes ou Sarrasins d'Afrique, appelés Maures, firent surtout remarquer la chimie en 810 : ils la portèrent, vers 820, en Espagne. Profitant de la fermentation spiritueuse, ils obtinrent par la distillation les *liqueurs fortes* qu'ils nommèrent *alcool*, et par expression, les *huiles essentielles*. On leur doit aussi certains *alcalis*. Mais la plupart du temps ces découvertes ne leur furent offertes que par le hasard qui les servait mieux que leur folle volonté de trouver le *grand-œuvre* et le *remède universel*, autrement dit la *panacée* à tous maux. Cependant, au milieu de leurs superstitieuses recherches, un but d'utilité publique ou particulière les dirigeait, et l'industrie en profitait. Aussi elle ne laissa pas tomber dans l'oubli la découverte du *sucre de canne* (854) obtenu par les Arabes en exprimant le jus de ce roseau, pour le durcir ensuite par la cristallisation, et le jeter dans le commerce des Indes orientales; car en Europe il resta fort rare jusqu'à l'instant où l'Amérique put le lui fournir en abondance.

Les Arabes ne se livraient pas seuls à l'industrie; Alfred le Grand, en Angleterre, l'encourageait, et à lui-même on doit l'origine des *lanternes* garnies de feuilles de corne.

Tandis qu'on trouvait dans cette île les sources thermales de Bath, on découvrait sur le continent les fameuses mines de Goslar et de Friedberg; mais un médecin arabe, connu plus particulièrement sous le nom d'Avicennes, quoiqu'il se fît appeler aussi Abou-ali-Bensina ou Abinsceni, rendit aux sciences et aux arts chimiques les plus grands services. Ses études étaient profondes, variées, et il savait en faire usage à propos. Cependant nous n'oserons pas attribuer à lui seul l'invention du *papier* fait avec des chiffons de toile, trouvée ou apportée en Europe, en 1170, par des Grecs réfugiés ou des Arabes.

Quant à l'usage du *verre*, il était déjà répandu en France, d'où l'Angleterre le tira en 1180.

Pendant le douzième et le treizième siècles, la métallurgie fit une découverte bien importante par les résultats qu'elle eut pour la navigation et le commerce. C'est de *l'aimant* dont je veux parler : il fut mis à profit pour la première fois en Europe, par des matelots français, en 1226 ; et il ne fut rapporté d'Asie à Venise par Marc-Paul, qu'en 1246; mais déjà la Chine le connaissait depuis long-temps, et l'Asie devait le tenir de l'Inde, qui, elle-même, l'avait reçu des Tartares.

Quelques années avant cette époque, les Chinois, dans leurs machines appelées *pao*, opéraient des explosions qui avaient probablement les plus grands rapports avec celles de notre poudre à canon. Tandis que le dieu de la guerre faisait servir à la Chine la chimie à la destruction, un Esculape nouveau, Arnaud de Villeneuve, l'appliquait à la médecine (1232), et Plutus la mettait à profit dans l'exploitation des mines d'or et d'argent des environs de Grenade (1233). Cette époque vit aussi un génie bien rare préparer par ses découvertes les progrès de l'industrie : ce fut Roger Bacon, qui florissait vers

1278. Il fut regardé comme sorcier, à cause de l'application d'une espèce de poudre à canon, dont la composition lui était assez bien connue, comme le prouve une de ses lettres; du reste, il paraît qu'une composition analogue avait déja servi, quelques années avant Roger Bacon, à l'exploitation des mines de Goslar, et que les Arabes en connaissaient aussi une autre qu'ils tenaient des Tartares, qui eux-mêmes l'avaient rapportée de la Chine.

De ce treizième siècle date encore l'habitude des liqueurs fortes. Peut-être Arnaud de Villeneuve, en 1292, qui en devait la connaissance aux Arabes ou Maures d'Espagne, les introduisit-il à Marseille comme un bienfait de la médecine, puisque les apothicaires vendaient à cette époque (1298) le vin pour un simple cordial, et non pour boisson habituelle.

Jusqu'alors on s'éclairait assez bien, dans certains pays, au moyen d'éclats de bois résineux; quoique dans beaucoup d'autres on fît, de temps immémorial, usage des lampes, comme aux siècles de Job et d'Abraham; cependant, en 1298, la chimie réforma ces usages en Angleterre, et y fit adopter les *chandelles* de suif, qui déjà avaient été découvertes dans ce pays, dès l'an 1290. En fait d'éclairage, il en est un réservé aux réjouissances publiques : ce sont les *lampions;* ils sont connus depuis long-temps, car les Romains les plaçaient aux fenêtres, comme les nôtres. Il en est de même des *lanternes*, dont quelques-unes ont été trouvées dans les fouilles d'Herculanum et de Pompeïa. L'on peut encore faire remonter à une époque aussi reculée l'invention des *lunettes*, puisque Néron regardait les gladiateurs à travers une espèce d'émeraude. Du reste, Alexandre Dispina, moine de Pise, fabriquait déjà, en 1299, des lunettes, qui ne furent adoptées en France qu'en 1363; et tout le monde sait le parti que, sous le nom de *télescope*, en ont tiré les Galilée en 1609, les Descartes et les Newton.

S'éclairer était fort utile, mais se chauffer, dans la rigueur de l'hiver, est un plaisir et même un besoin acheté bien péniblement, quand on a les yeux fatigués d'une fumée pénétrante, comme cela arrive chez les Lapons sous leurs huttes. Ce fut donc un grand service que rendit à l'humanité européenne, l'auteur de l'invention des *cheminées;* il relégua, en 1310, leurs conduits ou tuyaux le long d'un des murs des appartemens, au lieu de laisser leur foyer au milieu des chambres. C'est par conséquent de cette époque que doit dater la *caminologie*, dont les Anglais avaient déjà quelques notions dès 1200, mais qu'ils n'appliquaient qu'au service des cuisines, et dont les vraies bases furent posées bien long-temps après par le savant Réaumur.

L'on voit déjà la chimie tourner ses applications vers des arts utiles; mais les hommes, toujours envieux de leur propre destruction, portèrent cette application vers un autre but, et ils établirent en Angleterre en 1327, et en France en 1338, la première fonderie de *canons.* Une mention trouvée dans les registres de la chambre des comptes de Paris, nous prouve évidemment que la poudre à tirer et ses effets étaient alors bien connus. Il ne faut donc pas s'étonner de la découverte de Roger Bacon; peut-être était-elle simplement une nouvelle application de cette substance meurtrière, dont les résultats furent si étonnans entre les mains des compagnons de Pizarre, pour les enfans du Soleil, habitans du Pérou, qu'ils prirent ces marins pour autant de dieux dépositaires de la foudre et qui venaient les punir de leurs méfaits.

Il en fut de cette découverte comme de celle de la *boussole* : depuis long-temps celle-ci était connue, et pourtant chaque jour chacun en réclamait la découverte, et le Napolitain Flavio-Gioja en conserva l'honneur en 1302, grâce à la flatterie dont il caressa l'amour propre du duc d'Anjou, roi de Naples et de la maison de France, en mettant des fleurs de lys à la pointe de la flèche de l'aiguille. On en fit autant de la poudre à canon : tout chimiste voulut en être l'auteur, et l'on attribua cette invention, ainsi que celle des *armes à feu*, à Schwartz, moine de Cologne, en 1340 ; puis à Constantin Anelzen, moine de Fribourg, en 1350 ; mais ce qui paraît le plus certain, c'est que les Maures se servirent de canons, les premiers, au siége d'Algésiras en 1342, et que les Anglais ne dûrent le gain de la bataille de Creci, quelques années après (1346), qu'à l'épouvante causée aux Français par le bruit terrible de cette arme nouvelle, qui pourtant, comme on l'a vu, devait leur être à peu près connue. Du reste, elle se perfectionna, presque à sa naissance, par l'invention des *bombes* et des *mortiers*.

Alors aussi les Anglais firent entendre pour la première fois aux Français des *tambours*, instrumens cependant aussi anciens, en Orient, que les timballes et les trompettes.

La coquetterie est pour sa part redevable au quatorzième siècle d'une arme moins meurtrière et plus brillante, qui pour elle est un guide aussi positif que la boussole pour le marin : je veux parler de la découverte des *glaces* et des *miroirs*, attribuée aux Vénitiens, de 1346 à 1360. Ce sont des feuilles de verre ou cristal poli rendues propres à réfléchir les rayons de la lumière au moyen d'un amalgame d'étain et de mercure que l'on étend sur une des surfaces. Ce travail, nommé *étamage*, donne aux glaces la propriété de représenter les images des objets d'une manière très-vive et très-nette. Devant ce témoin muet et fidèle, la jeune femme peut rendre son joli visage plus agaçant, et celle d'un âge mûr y calculer le temps qui lui reste encore à jouir de ses charmes flétris, en les masquant de cosmétiques perfides.

On vit, à cette époque, Tamerlan, appelant la chimie à son aide, incendier Téflis au moyen de pommes de pins, remplies de matières combustibles, qu'il fit jeter enflammées dans cette place, à la manière des *grenades*.

Vers ce même temps, Londres enracinait l'industrie dans son sein en utilisant le charbon de terre pour la première fois en 1357, quoiqu'il eût été découvert dès l'an 1234, près de Newcastle. Ainsi elle se rendit indépendante des autres Etats du continent, et sans crainte elle put dorénavant se livrer aux arts qui ont besoin des secours puissans du combustible. Elle ne se doutait pas encore de tout le parti qu'elle pourrait retirer de cette découverte par la suite. Au commencement du quinzième siècle (1401), un certain Louis de Berguem, de Bruges, découvrit l'art de faire jeter à une autre espèce de charbon, aux *diamans*, les mille feux dont ils brillent.

En 1411, on fit le premier usage des

mousquets; ils furent distribués à l'armée bourguignone par le duc Jean.

Les Français, frivoles dans tous les temps, donnèrent une attention sérieuse aux objets de mode. Aussi ce ne fut pas sans de longues conférences que les *bonnets* et *chapeaux* furent adoptés en France en 1449, et qu'ils remplacèrent les modestes chaperons et les affreux capuchons. Puisque nous en sommes sur l'article des costumes, nous devons faire remarquer la mobilité de cette partie des mœurs des nations : dans l'Inde, en Egypte et en Palestine, des lois ont réglé les vêtemens qui, dans les autres pays, ne purent y être asservis. Et quoique Rome eût sa *toge*, la Grèce son *pallium* et la Gaule ses *brayettes*, qui furent long-temps des vêtemens nationaux, la mode les fit bien changer peu à peu et disparaître totalement; il en fut de même de la barbe, tour à tour méprisée ou respectée, et Scipion l'*Africain* (202 av. J.-C.) fut le premier des Romains qui, à l'exemple des Orientaux, fit couper la sienne; les *chaussures* furent des *bottes* ou *bottines* de cuir, connues en Grèce dès le temps de Laërte; Caligula imposa son nom à celles des soldats, mais cette *caliga* devint depuis *calceus, pantoufle*, *sandale*, *souliers*, et souliers bien ridicules, surtout en 1367. La *coiffure* fut à Rome des *bonnets*, symbole de la liberté, parce que tout esclave affranchi avait la permission d'en porter. Au quinzième siècle, on vit en France les *bonnets carrés* et les *calottes* dès 1243, et déja en 1400, François Ier fit adopter les *chapeaux*, connus de tout temps à Lacédémone, à Rome et en Espagne. Quant aux *cheveux*, ils suivirent la mode, de sorte qu'ils furent tantôt longs, tantôt courts. Il en est de même des *chausses*, des *cravates*, introduites en France en 1636; du *frac*, dont la mode vint peu après les cravates; des *gilets*, dus à *Gille*, le bouffon du dix-huitième siècle; de la *houppelande*, connue en 1349, et de l'habillement anglais, appelé *redingotte*, importé en 1725.

Mais rétrogradons un peu et voyons les Génois rapporter de 1412 à 1450, le *café* de l'Inde en Europe, et chercher en même temps les moyens d'utiliser la poudre à tirer dans les travaux technologiques : ils essayèrent, mais en vain, de l'appliquer aux mines en 1487. Il n'en fut pas de même des ingénieurs militaires ; ils l'appliquèrent à leurs armes avec le plus grand succès, et il paraît qu'en 1495 ils firent usage des premières bombes, en attaquant une forteresse du royaume de Naples. Le commerce faisait des présens plus utiles à l'humanité et au luxe; il nous apportait d'Amérique, en 1510, l'*ipécacuanha*, la *cochenille*, l'*indigo*, la *vanille*, le *cacao*, et divers *bois d'ornement* ou employés en médecine. Ces importations donnèrent lieu au célèbre Gille Gobelin de trouver la *teinture écarlate*, dont il teignit les laines des tapisseries de *haute et basse lices*, fabriquées de son temps à Paris.

Pendant qu'on recevait en Europe ces présens d'un nouveau monde, les Espagnols, en 1520, faisaient dans l'Yucatan une découverte qui devint par la suite bien importante pour le commerce : ce fut celle du *tabac* ; d'un autre côté, au siége de Parme, en 1521, l'on faisait usage des premières *arquebuses* inventées par George Virgile, en 1516, à Saint-Étienne.

A Bristol et à Londres, en 1584, on établissait la première fabrique de *savon*, quoique cette invention fût connue auparavant des Égyptiens, des Grecs et des Romains.

Vers cette même année, Pizarre, après avoir découvert le Pérou et le Chili, rendait le plus grand service, en 1525, à la médecine, en lui offrant le *quinquina*, et il retirait pour lui-même de ces découvertes des avantages immenses, en s'emparant des riches produits du Potose, qu'il fit exploiter à son profit, de 1540 à 1546, en attendant qu'il pût faciliter cette exploitation par le mercure des mines de *Guenca Vellica*.

Alors aussi (1541) le fameux Paracelse faisait ses orgies et ses élixirs; son orgueil et son impudence avaient presque fait croire à sa *panacée universelle* ou remède à tous les maux: sa mort vint ouvrir les yeux sur ce charlatan, auquel pourtant on doit plusieurs découvertes importantes, entre autres celle du *zinc*. En même temps que Paracelse composait ses drogues, les observations de Sébastien Schott et de Grignon, sur la *déclinaison de l'aimant* à divers méridiens, devenaient de la plus grande utilité pour l'industrie; il en fut de même de la fabrication du *fil de fer*, que des Allemands importèrent en Angleterre en 1568. Nous ne dirons rien d'Agricola qui, le premier, appliqua la chimie à la métallurgie, ni de Basile Valentin, auquel on doit l'*antimoine* et l'*acide sulfurique*, ni de Libavius, qui découvrit l'*hydrochlorate d'étain*, si utile à la teinture; mais nous ferons remarquer Néri, qui déjà indiqua la composition du *cristal* et du *verre*, et les moyens de le fabriquer.

Si, abandonnant les chimistes pour quelques instans, nous passons au bon Henri, roi et père de son peuple, nous le verrons créant en France des fabriques de *faïence*, de *verrerie* et de *cristal*. La sage liberté que ce prince accordait à ses peuples leur permit, pour la première fois en 1605, d'avoir connaissance des faits contemporains au moyen des *journaux*, dont le plus ancien, le *Mercure de France*, date de cette époque. Aux encouragemens continuels de ce souverain l'on doit aussi nombre de découvertes : la plus remarquable fut celle d'Olivier de Serres qui, en 1605, soupçonna dans la *betterave* le sucre trouvé depuis en Prusse par Achard.

Quelques années après, en 1615, Salomon de Caus fit paraître pour la première fois en France un travail sur les moyens d'utiliser la vapeur; mais peut-être lui-même connaissait-il déjà les travaux antécédens sur ce sujet faits dans d'autres pays, et entre autres le traité *de re militari* de Walturius de Rimini, publié en 1472. Cette invention resta long-temps inaperçue, mais Edward Summerset, marquis de Worcester, à son retour de France en Angleterre, ayant été jeté dans les cachots de la Tour de Londres, il y répéta quelques expériences, au moyen d'une simple marmite dont il faisait sauter le couvercle par la force expansive de la vapeur de l'eau qu'il y faisait bouillir; ce fut ainsi qu'il fit connaître dans sa patrie, en 1663, les premières machines à feu, dont il ne publia la description dans ses *Centuries industrielles* qu'en 1683. Cependant beaucoup de personnes croient encore cet Anglais inventeur de ces puissantes machines, qui furent bien mieux appréciées lorsque Papin, en 1695, eut publié la première édition de son ouvrage sur la force expansive de la vapeur. Ce travail ayant eu une seconde édition en 1707, on ne connut guère que celle-ci, de sorte qu'en 1698, l'Anglais Savery, ayant fait paraître ses propres travaux sur le même objet, en recueillit tout l'honneur, quoique ses descriptions fussent postérieures de trois ans à celles de Papin. Nous avons cru devoir rétablir ici les faits chronologiques tels qu'ils se sont passés; car la justice veut qu'il soit constaté que Walturius de Rimini et de Caus découvrirent les premiers la force de la vapeur, et que Papin en apprécia tellement la puissance, qu'elle pouvait, dit-il, *servir à tirer de l'eau des mines, à jeter des bombes et à ramer contre le vent.* Il indiqua même les moyens d'arriver à ce but. Ce n'est donc ni Worcester, ni Fulton l'Américain, ni les Anglais Jonathan Hull et Patrick Miller, qui sont les auteurs des machines à vapeur.

Dans l'intervalle du temps qui s'écoula entre ces publications, l'on apprit (1608), en Angleterre, l'art de purifier l'*alun*, et l'Anglais Méthold, en 1622, fit une découverte qui marque dans les arts de luxe de cette contrée : ce fut celle des *mines de diamans* de Golconde. Ces pierres, qui avaient été connues dès le temps de Pline, ne furent portées comme joyaux en Angleterre qu'en 1434; dès cette époque, Avérana soupçonna la combustibilité du diamant, démontrée plus tard par divers savans, en tête desquels le nom de Guyton de Morveau doit se placer. Du reste, à l'instant où nous écrivons ces lignes, cette pierre est peut-être sur le point de perdre une partie de son haut prix : car M. Gannal vient de publier un procédé chimique qu'il a découvert pour en fabriquer de toutes pièces.

Quelque temps après que Méthold eut fait sa découverte, Jean Rey remarqua l'existence des *gaz*. En 1630 et en 1640, la chimie commença à prendre un développement et une marche plus philosophique ; cependant un préjugé défavorable dominait tellement encore contre cette science, que Richelieu, à l'exemple de Tibère, fit arrêter un Français pour avoir trouvé le moyen de rendre le verre malléable ; mais les frères Keller, de Zurich, ne furent pourtant pas inquiétés pour les services qu'ils rendirent à l'art du fondeur, en 1650.

La nation anglaise, voulant aussi obtenir la supériorité dans le commerce des *fers*, monta à Shew ses premiers *laminoirs*, en 1663, qu'elle entretint avec la fonte de ses *hauts fourneaux* activés par le *coke*, et par les *machines soufflantes* de Smeaton, en 1760.

Après la construction des premiers laminoirs en Angleterre, Brandt, en 1669, découvrit le *phosphore*, dont l'extraction resta un secret jusqu'en 1674, époque où Kunckel le retrouva, mais en garda la connaissance pour lui seul. Tout le monde sait l'utilité de cette substance pour la fabrication des briquets. Nous observerons ici que c'est à ce Kunckel que l'on doit ce que l'on sait sur la *peinture sur verre*. Peu après cette découverte on vit paraître en 1682, le *digesteur de Papin*, au moyen duquel on fit depuis la *gélatine* dont M. d'Arcet a si bien perfectionné l'extraction depuis quelques années.

Tandis que l'industrie cherchait ainsi à se relever en France, Dippel découvrait à Berlin le *bleu de Prusse*, dont l'Anglais Wodward importa en France la manière de le fabriquer.

La Saxe eut à se glorifier, en 1676, d'une invention que nous autres Français avons portée au plus haut point de perfection, celle de la *porcelaine*. Cette découverte est due au baron Boeticher, et fut perfectionnée en 1695 par Walther de Schirnaus.

Nous arrivons à la terrible époque de 1685,

où parut la fatale révocation de l'édit de Nantes, qui fit passer de France en Angleterre et en Allemagne nos fabricans de glace, de cuivre, d'airain, de fer-blanc, d'acier, de papier et de chapeaux. Ce coup fut mortel pour l'industrie française. Cependant à peine deux ans furent-ils passés qu'on vit déjà fabriquer à Saint-Gobin des *glaces coulées*, et même dès 1686, Dalsemius exécutait à Paris la première expérience sur l'*éclairage par le gaz* hydrogène carboné. On eût dit que l'industrie voulait renaître.

Plusieurs années après (1711), le célèbre Réaumur commençait à paraître sur l'horizon scientifique et industriel : on lui est redevable du *thermomètre* divisé en 80°, et les arts ne pourront oublier ses expériences sur la *caminologie*, sur les *porcelaines* et principalement sur les *forges*. Il fut le premier qui donna des moyens positifs de préparer les *fontes*, les *fers* et les *aciers*.

De 1727 à 1728 la minéralogie offrit aux dames pour leurs parures, les *diamans du Brésil*, et le *succin* ou *ambre* de la Saxe ; puis, au moyen de la chimie, Hoffmann (1722), découvrit la *magnésie;* Brandt, en 1733, l'*ar-*

sénic et le *cobalt;* et Hellot publiait ses procédés pour obtenir le *phosphore*. En 1742, le *platine* devint l'auxiliaire des arts, ainsi que les divers gaz qui furent découverts jusqu'en 1750 ; outre ces decouvertes, on reconnut le pouvoir des pointes pour soutirer le fluide électrique, et l'on inventa les *paratonnerres*, dont le premier fut placé, en 1752, sur la machine de Marly.

Alors aussi (1760), le Florentin Procope, offrit à la sensualité parisienne les *glaces* et les *sorbets*, auxquels les chaleurs de l'été assurèrent une vogue non moins grande que celle dont ils jouissaient en Italie.

Le *chlore*, gaz découvert par Guyton Morveau en 1765, fut par lui appliqué avec le plus grand succès à la désinfection. Cette même année Watt enfanta ses célèbres *machines à vapeur* dont MM. de Jouffroy et Fulton ont tiré un parti si utile pour la navigation.

La chimie générale étendait, comme on voit, son empire de jour en jour : Ambroise Didot lui devait, en 1780, l'invention du *papier vélin;* elle fit découvrir à Marggraf le *sucre de betterave* en 1781, c'est-à-dire trente ans avant Achard; elle fit établir en 1782 la *fonderie de Romilly* près de Rouen; elle fit découvrir à Mongolfier les *ballons*, dont le jésuite Gusman donna pourtant la première idée en 1729; enfin elle porta le marquis de Jouffroy, en 1783, à appliquer la force de la vapeur à la navigation : et quelque réclamation que fassent à ce sujet les Anglais, la gloire de cette application, comme on l'a vu, ne peut leur appartenir.

L'éclairage offrit, en 1784, par les soins d'*Argant*, une lumière plus vive et plus claire, au moyen de ses *lampes*, perfectionnées depuis par *Quinquet* et *Carcel*; mais ces dernières, fort chères, ont été remplacées depuis deux ans, avec avantage, par les *lampes hydrostatiques*. Si la chimie rendait d'importans services à l'industrie, la minéralogie ne lui était pas inutile, car la découverte du charbon de terre au Mont-Cénis, en 1785, y fit établir sa fameuse verrerie. Cependant la chimie se faisait toujours remarquer au-dessus des autres sciences, et tandis que Lavoisier inventait les *gazomètres*, si utiles à présent, Berthollet, en 1787, indiquait aux Français et à l'Europe entière, les moyens les plus favorables au *blanchîment* des toiles.

En attendant que Malesherbes, en 1792, convertît la pomme-de-terre en *semouille* et en *gruau*, que Séguin réduisît à la durée de quelques jours le temps nécessaire au *tannage des cuirs* en 1795, et qu'en 1794 on montât des fabriques de *soude factice*, extraite du sel marin par l'acide sulfurique et la carbonisation; quelque mois après, l'ingénieur François Lebon enseigna l'art de *s'éclairer par le gaz* hydrogène carboné, extrait du bois ou de la houille, et M. Chaptal publia ses importantes découvertes en chimie industrielle (1799).

Le siècle suivant (1800) ne commença pas moins brillamment. Thilorier se présente le premier avec ses *cheminées fumivores*, et le Prussien Achard apporte son *sucre de betterave* comme une nouveauté, malgré les premiers soupçons d'Olivier de Serres et la découverte de Marggraf; ensuite les frères Périer utilisent la vapeur, l'appliquent au service des mines, et Synington, réalisant en Angleterre les projets de M. de Jouffroy, l'emploie à la navigation intérieure.

La chimie depuis ces époques a ouvert, comme on le sait, une nouvelle carrière à l'industrie, à qui elle a offert les plus riches présens, grâce aux Chaptal, aux Bertholet et à tant autres. On peut citer, en 1801, la fabrication de l'*acide sulfurique*, et l'application de l'*acide pyroligneux* aux teintures; en 1802, le perfectionnement de nos faïences, de nos porcelaines et de toutes nos poteries; enfin en 1804, le procédé de *distillation d'Adam.* Je ne parle pas de ces découvertes mortes-nées, imperceptibles ou inutiles à l'industrie : elles seraient trop nombreuses à énumérer, et il serait d'ailleurs assez inutile de suivre, de tous côtés, le vol rapide du génie de l'invention.

Pour n'indiquer que les principales, nous ne passerons pas sous silence, en 1807, l'exécution en grand, à New-Yorck, des *bateaux à vapeur*, par Fulton, qui, voyant la découverte de M. de Jouffroy négligée en France, voulut la rendre utile à l'Amérique : la suite a prouvé combien il avait raison; en 1809, la décomposition des alcalis, par Davy; la carbonisation du bois, par Bordier; l'éclairage par le gaz hydrogène, introduit à Londres, par Musdoch; en 1810, la fabrication des glaces avec le sulfate et le muriate de soude; la fabrication de l'acier fondu, en Westphalie, et celle des sucres de raisin, d'érable et surtout de betterave; en 1811, l'application, par Raymond père, du bleu de Prusse à la teinture de la soie pour remplacer l'indigo, application qui dernièrement encore vient d'être faite sur la laine avec les plus heureux résultats par M. Raymond fils (1828). Enfin, en 1816, l'essai de l'éclairage par le gaz fut fait en France, ainsi que la construction, à Paris, par Fulton, du premier bateau à vapeur qu'on y vit: ces bateaux furent bientôt répandus en Angleterre, en Suède, et partout; cette vapeur fut, dans la même année, appliquée au chauffage, et en 1817, on trouva les *ventilateurs*.

Les arts chimiques ayant été de plus en plus étudiés par les savans, on a vu, en 1819, de bons aciers sortir des fabriques de la Bérardière; les exhalaisons mercurielles éloignées des doreurs, par M. d'Arcet; le *moiré* offrir ses dendrites métalliques; M. Douault Wieland composer ses *strass* éclatans; et M. Appert inventer ses procédés de conservation des substances alimentaires. En 1820, outre diverses applications de plusieurs produits chimiques aux teintures, on fit l'essai en grand, à l'hôpital Saint-Louis, de l'éclairage par le gaz hydrogène. En 1821, peu de choses importantes parurent, si nous en exceptons la *règle des équivalens chimiques*, importée par M. Clément, et les *cheminées parisiennes* de MM. L'homond et Millet établies sur les mêmes bases que celles montées au Jardin du roi par Fourcroy 30 ans auparavant. On doit à l'année 1822 la connaissance des travaux de M. Bréant sur les aciers, de ceux du docteur Ure sur la fabrication du *chlorure;* alors aussi MM. Labarraque et d'Arcet publièrent les leurs sur la désinfection des boyauderies, des lieux d'aisance et des salles de spectacles, et divers manufacturiers indiquèrent la fabrication du *savon transparent* et des *bougies diaphanes.*

L'année 1823, remarquable par son *exposition des produits de l'industrie française*, dut à M. Vicat de précieuses recherches sur la *chaux hydraulique* et les *mortiers.* Ce fut en 1824 que l'on inventa pour l'imprimerie les *rouleaux*, au lieu de tampons : plus convenables que ces derniers, ils ont pourtant le désagrément de craindre la trop grande humidité. Cette même année on apprit la fabrication du *savon de Windsor*; en 1825, celle du *papier de paille*, qui ne semble pas offrir de grands avantages, à cause de la cherté des procédés; et en 1826, on vit s'élever, a Saint-Ouen, la fabrique *artificielle de glaces*, en même temps que M. Thilorier mettait en vente ses lampes hydrostatiques qui, cette année, viennent de rencontrer deux ou trois concurrences.

Ici se termine le tableau sommaire de la marche des découvertes chimiques industrielles dont nous avons dû omettre un grand nombre; mais leur nomenclature chronologique eût été fatigante et inutile, et l'espace ne nous eût pas permis d'entrer dans les détails qui auraient pu lui donner de l'intérêt.

CHAPITRE IV.

Commerce et navigation.

Avant l'ère chrétienne.

Les divers objets utiles à l'homme étant découverts, lui devinrent indispensables par la suite, malgré leur grossièreté; et, comme chacun ne put créer tous ceux dont il avait besoin, il fallut établir le *commerce*.

Ce trafic ne s'opéra, il est vrai, dans l'origine que par de simples échanges qui se faisaient en appréciant le prix et la valeur suivant le besoin. Plus tard, ces besoins ayant augmenté par le luxe, l'estimation des choses augmenta pareillement; on leur donna plus de valeur et une détermination plus stricte dans la mesure de l'étendue ou du poids. C'est donc à cette volonté d'apprécier les objets à leur juste valeur, qu'on doit la naissance des *balances*, déjà connues du temps d'Abraham. Ce moyen de juger la quantité réelle, et par suite le prix une fois trouvé, on taxa d'une valeur conventionnelle le poids de l'or, de l'argent et du cuivre, comme étant plus généralement répandus, plus commodes et moins facilement altérables, afin qu'avec ces métaux on pût obtenir en échange toutes autres choses. Ainsi Abraham, avec 400 sicles d'argent, acheta pour sépulcre, comme nous l'avons vu, une simple caverne.

Le transport de poids et de balances étant

fort incommode pour des échanges continuels, on fixa avec un poinçon le poids et la finesse de la pièce de métal, et par conséquent sa valeur. Les Assyriens s'attribuaient cette découverte de battre *monnaie*, et la faisaient dater de quelques années avant la naissance d'Abraham. Hérodote la rapporte aux Lydiens. Plusieurs la font remonter à Saturne, et d'autres à Janus ou Ithonus (1420 ans avant J.-C.), considéré comme fils de Deucalion. Quant aux Chinois, c'est Hoang-Ti qu'ils indiquent comme auteur de cette invention (2,000 ans avant J.-C.).

Dès Jacob, l'échange ou le commerce avait lieu dans beaucoup de pays et s'appliquait à bien des choses ; aussi les marchands qui achetèrent Joseph parcouraient à cette époque, pour faire leurs échanges, une grande étendue de pays. Le sol des continens était, pour beaucoup de contrées, un moyen facile de commercer : on le faisait par des *chemins* magnifiques sous Sémiramis, et par des *ponts* jetés pour la première fois, dit Hérodote, sur les *lacs* et les *rivières* par les ordres de Ménès, ou bien en remontant ces rivières ou les *canaux* avec de légers *bateaux*.

Dans le temps de Jacob et de nos autres aieux simples pasteurs, toutes ces peuplades étaient nomades, comme le sont encore actuellement les Arabes. Aussi, pour voyager, étaient-ils obligés de porter des tentes et de la nourriture, usage toujours suivi en Orient. Cependant ce moyen incommode fut, dit-on, remplacé par les Lydiens : ils établirent des *hôtelleries* dans lesquelles, comme à présent, au moyen d'une légère rétribution, les voyageurs étaient logés et nourris.

Mais les *rivières* et les *canaux*, de tous temps, furent les voies de communications les plus faciles et les plus fréquentées ; ce fut avec des *pirogues*, appelées *monoxiles*, ou troncs d'arbres creuses, qu'on se hasarda d'abord sur leurs eaux. Suivant Sanchoniathon, Ousous fut le premier dont la hardiesse osa se servir d'un pareil *bateau*. D'après d'autres, ce fut Memrumus qui lança le premier tronc d'arbre en guise de *vaisseau ;* cela daterait de 30,000 ans avant J.-C. Par la suite, au lieu de ces troncs d'arbres, on courba et l'on croisa des baguettes attachées ensemble, et sur lesquelles on mit des peaux cousues pour former des *canots* pareils à ceux des sauvages, canots que l'on conduisait à la *perche* ou à la *rame*. Enfin, après divers essais et prenant la forme de certains poissons pour modèles, on mit des poutres à côté les unes des autres, et on les recouvrit de planches fortement chevillées et attachées sur ces poutres; de là vinrent les *navires à rames*, puis les *vaisseaux à voiles*. — Suivant Moïse, les premiers *navigateurs* furent les petits-fils de Japhet qui passèrent dans une île voisine du continent et s'en emparèrent; mais en Asie on accordait ce titre à Erythias; il demeurait chez un peuple perdu pour nous et appelé Horites ou Horiens, habitant vers la partie méridionale de la mer Rouge. Cette contrée se nommait aussi terre de Schir, et ce fut peut-être celle où Ésaü se fixa après la mort d'Abraham. Sanchoniathon attribue ce premier essai de construction des vaisseaux et des voyages sur mer aux Cabires; ces peuples, d'après les Phéniciens, étaient contemporains des Titans. Mais d'autres chroniques fabuleuses assurent que c'est au premier Atlas (11,044 ans avant notre ère) qu'il faut rapporter l'origine du commerce et de la navigation. Du reste, ces premiers navires dûrent être bien frêles; ils ne pouvaient voguer qu'avec l'*aviron*: pourtant les Égyptiens font remonter jusqu'à Isis l'invention des *voiles*.

Vers cette époque (6,333 ans avant J.-C.), on dit aussi que les Atlantes ouvrirent des relations commerciales tant avec les habitans de la partie occidentale de la Méditerranée, qu'avec les Égyptiens et les Phéniciens. Alors encore Bacchus Égyptien, ou Osiris, avec l'aide d'Apollon et de Mercure, ou l'ancien Thaut, l'un de ses ministres, faisait fleurir le commerce, l'industrie et les sciences dans ses États.

D'après les notions qui nous restent, il semble certain que les descendans de Noé, connus sous le nom de Chananéens (3,004 avant J.-C.), furent les premiers, après les Atlantes, qui appliquèrent la navigation au commerce; leur nom signifiait leur qualité de marchands, et depuis, les Grecs les appelèrent Phéniciens. Sidon fut leur capitale, et Homère la regardait comme la première ville de son temps. Mais plus tard elle fut effacée par Tyr, une de ses colonies. Ces Phéniciens dûrent leurs richesses aux fabriques brillantes qu'ils possédaient. C'est à leur génie mercantile qu'on doit l'invention de l'*écriture* et de l'*arithmétique*. Déjà ces célèbres commerçans étaient puissans du temps d'Abraham : tout moyen d'acquérir leur était bon, et la piraterie ne leur était pas inconnue, car les Grecs leur reprochèrent toujours d'avoir enlevé sur leurs côtes les dix filles d'Inachus vers l'époque de la naissance d'Isaac.

Chez les Égyptiens, le commerce se faisait par terre, et Typhon, qui représentait la mer, était regardé par eux comme l'ennemi juré d'Osiris. Aussi les poissons, le sel et tous les produits de la mer étaient-ils en horreur à leurs prêtres. Mais une raison politique dirigeait cette manière de voir des chefs de la religion ; car n'ayant pas de bois dans le pays, ils n'auraient pu construire ni avoir des vaisseaux sans devenir tributaires des peuples possesseurs des forêts. Ils méprisaient donc le commerce, tellement que les hommes en laissaient le vil soin aux femmes ; elles étaient obligées de correspondre elles-mêmes avec les Phéniciens, probablement par Naucratis qui communiquait à la mer par l'embouchure du Canope.

Les premiers pas une fois faits dans les voies commerciales, on vit les Atlantes (3,000 avant J.-C.) naviguer le long des côtes de l'Europe, en faisant le *cabotage* jusqu'en Asie; plus tard (2713) les Sidoniens devinrent leurs rivaux et bientôt les effacèrent pour partager ensuite l'empire des mers avec les Tyrrhéniens. Cette époque paraît avoir exercé de l'influence sur l'industrie dans tous les pays. La Chine surtout (2,601 av. J.-C.) se fit remarquer par l'invention des *ponts*, des *poids et mesures*, et par l'exploitation de diverses mines. L'Égypte, 600 ans après, creusa le *lac Mœris* pour recevoir les eaux du Nil dans les inondations trop abondantes (2,040 av. J.-C.); et le Vulcain des Grecs, qui a tant de ressemblance avec celui des Sidoniens et des Égyptiens, quoique moins ancien, se retirant à Lemnos, s'y rendit célèbre dans l'art de forger les métaux.

Pendant que le génie de l'invention déployait ses forces sur la partie orientale du globe, Tyr et Sidon y brillaient particulièrement par leurs manufactures. C'est d'alors seulement (1640 av. J.-C.), avons-nous dit, que l'on doit faire dater l'origine des fabriques et que l'homme peut passer pour homme, puisqu'il sortit de ses langes et de son adolescence. Tyr, à cette époque, était des plus florissantes; les inventions naissaient chaque jour dans son sein; cette ville, maîtresse de la mer et le centre du commerce de l'univers, envoyait ses habitans échanger ses produits et son industrie contre ce qu'ils pouvaient trouver de plus propre à son usage. Là se voyaient les commerçans actifs, tandis qu'à Sidon habitaient paisiblement et dans une molle oisiveté les hommes enrichis et jaloux du repos.

Maintenant, nous devons rendre honneur à la mémoire de Cadmus; le premier il fonda (1417 av. J.-C.) dans la Grèce, des *Écoles de commerce* et *de navigation*, en même temps qu'il imposa son nom au minerai de zinc mêlé au cuivre pour donner le *laiton*. Cependant on ne doit pas lui attribuer les premières monnaies d'or et d'argent dont l'invention est réclamée par les Assyriens, quoiqu'il paraisse plus certain qu'elle doive être rapportée aux Lydiens (1500 av. J.-C.).

A présent (1422 av. J.-C.) nous allons voir un exemple de l'influence du génie d'un seul homme sur toute une nation : Minos l'ancien parait en Crète et aussitôt sa sagesse fait sortir ce peuple de l'inaction. L'on comprend difficilement la promptitude avec laquelle il civilisa cette contrée et la rendit célèbre dans la navigation, tellement que les conquêtes de ce souverain et celles de son petit-fils firent craindre ses flottes de tout l'Archipel et même de la Grèce.

Par suite de ce développement général de l'industrie, les rivalités de la Grèce s'éteignirent et toutes ses villes se liguèrent même, une fois, pour former cette expédition redoutable des Argonautes, chantée par Orphée. Cette expédition nous indique combien la navigation était alors brillante et combien le génie des découvertes inspirait ces peuples qui étendirent leurs relations jusqu'aux Colonnes d'Hercule.

Au milieu de ce mouvement universel, les Etrusques (1250 av. J.-C.), portant aussi leur commerce dans d'autres contrées qu'en Égypte et en Phénicie, obtinrent une célébrité remarquable. Mais une découverte, d'une certaine utilité pour la navigation, fut mise au jour par Éole, roi des îles Vulcanies (1204 av. J.-C.); c'est celle du *flux* et *reflux* des eaux de la mer, à peine sensible dans la Méditerranée, mais si considérable sur les côtes de l'Océan.

A force de découvrir, la société devait naturellement avancer dans la civilisation et reculer les bornes du commerce. Les Lydiens, entre autres (1195 av. J.-C.), depuis Minos II, commandaient sur toute la Méditerranée.

D'un autre côté, l'on avait déjà en Chine connaissance de la *boussole* (1110 av. J.-C.), puisque Tching-Ouang en offrit une en présent à un ambassadeur de la Cochinchine. Quant à l'époque exacte de son invention, on l'ignore, et les Chinois la font remonter à Hoang-ti (2,600 av. l'ère vulgaire). On ne se doutait guère de quel secours elle serait plus tard pour le navigateur. Dans ce même pays, 7 ans après, on fit la monnaie ronde et percée telle qu'on l'y voit encore aujourd'hui.

Si nous arrivons au siècle de Salomon, il nous est impossible de suivre l'industrie.

Son flambeau brillant éblouit comme le sanctuaire du temple de Jérusalem, pour les travaux duquel les Phéniciens (1008 av. J.-C.) n'étaient occupés qu'à conduire des flottes aux côtes de Sofola et de Tharsis, en Éthiopie, pour en ramener les matériaux dont on avait besoin.

Durant ce siècle (940 av. J.-C.) les Thraces, pendant une vingtaine d'années, se rendirent célèbres dans la navigation, mais ils cédèrent presque aussitôt cette suprématie aux Rhodiens qui ne la conservèrent à peu près que le même temps.

A cette époque (894 av. J.-C.) l'on donnait le nom de tyran, dans la Grèce, à tout souverain, sans y attacher pour cela l'idée d'un despotisme pesant et cruel; ainsi Phidon, auteur des *monnaies d'or* et *d'argent* frappées pour la première fois à Argos, n'était nullement un tyran sanguinaire, mais bien un souverain ami des arts et de l'industrie. Peut-être à son influence les Corinthiens durent-ils (786 av. J.-C.) les *trirèmes* ou *galères à trois rangs de rames* qu'ils inventèrent ou imitèrent d'après les vaisseaux des Syriens et des Égyptiens; à leur exemple, Athènes (762 av. J.-C.) les adopta, et Carthage, plus brillante, fit ses *quadrirèmes* sur lesquels il y avait quatre rangs de rameurs pour chaque rame.

Tandis que l'industrie animait tout le Péloponèse, un homme d'un génie audacieux et d'un caractère ferme et intrépide, jetait, en Italie (753 av. J.-C.), les fondations d'une ville qui devait donner naissance à un grand empire; cet empire tout-puissant devait faire régner le despotisme militaire aux dépens du commerce et finir par entraîner, au milieu de ses décombres, le monde entier dans l'obscurité la plus profonde. Telle fut en effet la destinée de cette ville aux sept collines dont Romulus traça les murs. Pourtant, un de ses rois, Numa Pompilius, connaissant le fort et le faible des hommes et des choses, avait senti, dès le commencement de cet empire, que l'industrie, pour se maintenir dans une cité, devait y trouver un foyer qui pût l'entretenir; à cet effet, il avait créé les *communautés d'arts et métiers*, et pour prouver aux peuples à venir le savoir-faire de son peuple naissant, il avait fait fabriquer et suspendre des *boucliers d'or* dans le temple de Vesta.

Tel est le pouvoir des difficultés que plus elles sont grandes plus elles excitent notre curiosité; une maîtresse facile à obtenir ne reçoit bientôt que nos dédains, et nos désirs passionnés poursuivent avec ardeur l'être idéal que souvent ils se sont formé et qu'ils ne peuvent atteindre. Il en était de même par rapport aux sources du Nil. Psamméticus (660 av. J.-C.), voulant les découvrir, fit le premier partir des savans pour aller à leur recherche; depuis cette époque la curiosité, sur ce point, ne s'est pas démentie, et pourtant jusqu'a ce jour elle n'a été payée d'aucun résultat entièrement satisfaisant.

Le génie des découvertes planait vers cette époque (600 av. J.-C.) sur ces contrées; car ce fut par ordre de Nechao que des Égyptiens, réunis à des Tyriens, s'en allèrent par la mer Rouge et le détroit de Babelmandel, suivirent les bords orientaux de l'Afrique, doublèrent le cap appelé depuis *Cap de Bonne-Espérance*, et revinrent, en achevant le tour par les Colonnes d'Hercule et la Méditerranée, au bout de trois ans.

C'est encore alors que Thalès, après s'être instruit en Égypte, s'en vint porter ses lumières en Grèce. Depuis son arrivée seulement, les Grecs firent des découvertes. Auparavant, les Égyptiens, les Chaldéens et les Druïdes même se livraient seuls aux sciences et aux arts.

D'un autre côté, si les Égyptiens voyageaient, les Carthaginois ne restaient pas inactifs ; et leurs vaisseaux, voguant depuis les Colonnes d'Hercule jusqu'au cap Blanc, leur permettaient de visiter les *Hespérides* et les autres îles de la mer Atlantique (604 av. J.-C.). On assure même qu'ils allèrent jusqu'en *Amérique;* mais la politique de leurs chefs, guidée par la crainte d'une émigration, empêcha de donner suite à cette découverte, ce qui ne paraît pas dénué de tout fondement.

Vers ce temps (550 av. J.-C.) une ville, déjà ancienne, mais jusqu'alors restée une simple colonie, inconnue et libre dans son gouvernement, laissa tout-à-coup asservir sa liberté par les Romains. *Marseille,* cette antique Phocée, voulant cependant alléger le poids de ce joug, lance ses vaisseaux, se livre au commerce, et devient, dans la navigation, l'émule d'Athènes et de Rhodes.

Depuis long-temps nous voyons les eaux et la mer en particulier présenter les moyens de transports les plus pratiqués; pourtant on ne peut récuser l'utilité des *chemins*, quoique ce soit à eux que les Tartares durent leur asservissement par les Chinois, 458 av. J.-C.; car ceux-ci profitèrent des voies que les Tartares ouvrirent pour aller, sur la foi des traités, chercher une cloche que Tchi-Pé leur avait offerte en présent, à la condition qu'ils viendraient la prendre.

Déja nous avons vu les Carthaginois inventer les galères quadrirèmes; mais ce n'était pas par simple luxe, ils les mirent à profit, et le commerce qu'ils firent à Tyr, en Phénicie, en Egypte, en Perse, chez les Garmantes et les Ethiopiens, compensa bien les frais que ces navires dûrent leur coûter. De ces voyages ils rapportaient le blé, le lin, le papyrus, les épices, les aromates, l'or, les perles, les pierres fines, la pourpre, l'écarlate, les tissus, le fer, le plomb et le cuivre : cela ne suffisait-il pas pour les enrichir? Sans ces navires, Imilcon, leur compatriote, aurait-il découvert (340 av.

J.-C.) la fameuse *Albion*, notre terrible rivale; Hannon aurait-il reconnu l'île de *Corse*, et son cabotage se serait-il continué depuis *Madagascar* jusqu'au *cap Blanc* et jusqu'à celui des *Trois-Pointes*?

Si le trident de Neptune brillait entre les mains des Carthaginois, l'aigle de Jupiter couronnait aussi le panache d'Alexandre. Ce conquérant, auquel rien ne résistait, changea même la face commerciale de l'Égypte; veut-il élever une ville sur telle position qui lui plaît, aussitôt Alexandrie sort de dessous terre; veut-il la rendre florissante, Tyr, anéantie, lui livre son commerce. Tandis qu'il marchait de succès en succès, la petite république de Marseille, d'un autre côté, faisait introduire Pithéas en *Angleterre* et en *Danemarck*.

Dès que Ptolémée-Philadelphe fut monté sur le trône d'Égypte (280 av. J.-C.), l'état commercial de ce pays changea tout-à-fait de face; ses navires furent jusqu'au-delà du Gange, et des relations s'établirent avec les Indiens, les Arabes et les Ethiopiens.

Mais l'industrie qui brillait en Égypte s'éteignait chez les Etrusques pour aller répandre une vie nouvelle à Rome. Cette ville, pour qui l'esprit de conquête était une véritable industrie, ne négligeait aucun moyen pour arriver plus facilement à ce but. Marius traçait un chemin à travers les Gaules et les Alpes; cependant ce sommet des Alpes montre au voyageur aujourd'hui que les Romains furent vaincus dans ce genre de gloire par les Français commandés par Bonaparte; car les routes du Saint-Bernard et du Simplon sont des monumens immortels que notre génie civil éleva en l'honneur du génie militaire. Mais quelles que fussent les *voies des Romains*, la conservation de plusieurs d'entre elles prouve leur perfection; ils ne s'en servaient pas moins à étendre leurs conquêtes que leur commerce dans les Gaules et en Espagne, et ils rapportèrent de ces divers pays les matières d'argent dont ils frappèrent monnaie pour la première fois (268 ans av. J.-C.), ne devant se servir que plus tard (201 av. J.-C.) des espèces d'or.

Les Chinois eux-mêmes, ce peuple concentré dans ses habitudes et son pays, sentirent l'importance du commerce; et dès que l'on vit les lettrés rappelés à la cour (130 av.

J.-C.), ils ne furent pas dix ans à étendre leurs relations avec les Indiens chez lesquels ils arrivaient en traversant les royaumes de Si-y et de Hiong-nou, pour en tirer des toiles, des bambous et des cannes. Mais il paraît que, quoique très-près des Japonnais, ils les fréquentaient peu, de sorte que ceux-ci, n'ayant aucun point de comparaison ni d'émulation, furent très-lents dans les développemens de leur civilisation, tellement qu'ils ne construisirent de navires que 96 ans seulement av. J.-C. Cette différence se remarquait aussi chez les Bretons (57 ans av. J.-C.); ils se servaient encore de fer et de cuivre pour monnaie. Plus tard, nous verrons le commerce continuer à abandonner certaines contrées pour s'habituer à en fréquenter d'autres, suivant les besoins des peuples qui se trouvent sous sa protection.

§ II. *Depuis l'ère vulgaire.*

Depuis la destruction de Carthage, le commerce s'étant anéanti dans tous les États, la navigation et les voyages avaient cessé. Cependant Auguste, pour qui rien d'utile n'était étranger, chargea Denys Périegète ou le voyageur, de mettre ses courses à profit, et de donner une description du monde alors connu. A l'exemple de Cyrus, il fit établir des *postes* dans les Gaules, de sorte qu'au moyen de *relais*, il pouvait avoir de ce pays des nouvelles très-promptes; mais ce mode de voyager se perdit ensuite.

Quoique le dieu de la guerre porte l'affliction sur tous les lieux où il se présente, pourtant il rend quelquefois des services; ainsi, grâce à lui, Germanicus, en s'avançant avec son armée jusqu'à l'Elbe, fit connaître les côtes de la *Baltique*.

Déja nous avons vu la boussole connue à la Chine, mais ce ne fut que 60 ans après J.-C. que l'aimant fut connu à Rome, et il est bon d'en prendre date. Cependant les Romains n'avaient pas besoin de cet auxiliaire pour se livrer aux explorations; sans lui Agricola (85 après J.-C.), en faisant le tour de la Grande-Bretagne, apprenait à connaître les moussons de la mer des Indes, et les navigateurs suivaient les rivières dans l'intérieur des terres de l'Afrique.

Mais ce fut sous Marc-Aurèle (166 après J.-C.) que le commerce de Rome s'étendit le plus. Cet empire établit des relations directes même avec les Chinois, ce qui lui permit l'importation de la soie, qui auparavant lui était fournie par la Perse.

Le commerce s'enrichissait par de nouvelles relations, mais que ne perdit-il pas par les incendies qui ravageaient Rome, la Grèce, l'Egypte et la Syrie! Pour en citer un exemple, Palmyre, cette ville superbe, qu'on suppose avoir été celle appelée Thadmor par les livres de Moïse, fut entièrement détruite; telle était la splendeur de ses constructions, que ses ruines aujourd'hui sont encore imposantes, et le fils de M. Alexandre de Laborde a dernièrement prouvé, à la suite d'un voyage qu'il vient de faire dans ces contrées, que Volney n'a rien dit de trop dans ses brillantes descriptions. Il est impossible à l'esprit de se figurer tout ce que le voyageur éprouve en apercevant cette forêt de blocs majestueux, privés d'habitans, et dont le silence n'est jamais troublé que par les courses vagabondes des Arabes portés quelquefois par le hasard de ce côté.

Rome n'était pas la seule à profiter des avantages de la civilisation. L'Ecosse même, cette antique Calédonie, connut alors (211 après J.-C.) les espèces d'or et d'argent; peut-être en alla-t-elle prendre d'abord en Angleterre dans les excursions qu'elle y faisait, ainsi que les Francs et les Saxons; mais pour s'opposer aux entreprises de ceux-ci, Caransius, après avoir usurpé sur les Romains la souveraineté de la Grande-Bretagne, fit construire une flotte considérable, et de là peut dater l'origine de la marine redoutable de ce pays. Cependant ces Romains, toujours possesseurs d'une partie du monde, devaient dans peu disparaître du tableau des peuples. Attila venait avec ses peuplades entières de barbares fondre sur l'Italie, et livrer ensuite aux fureurs des soldats de Totila l'antique ville aux sept collines, défendue encore par le courage de Bélisaire; mais si nous répétons la pensée d'un de nos poètes célèbre: « Rome n'était plus Rome, » sa grandeur avait pour toujours disparu. Pourtant quelques années auparavant (275 ap. J.-C.), l'empereur Probe avait cherché à retarder cette marche rétrograde de l'industrie, en utilisant à autre chose qu'à la guerre, ses soldats, qu'il fit servir à réparer les villes, les chemins, et à dessécher les marais. Si l'on imitait son exemple, peut-être on concevrait mieux le parti qu'on pourrait retirer des armées en temps de paix.

La Bretagne, tracassée sur ses côtes, n'avait pas seule besoin de se défendre des pirateries, des descentes et des incursions des barbares ; l'Orient lui-même les craignait, et pour cette raison Constantin (328 ap. J.-C.) entretint ses flottes sur les côtes et sur les rivières de son empire. Ces mêmes flottes, plus tard (567 ap. J.-C.), servirent à porter aux divers peuples les étoffes de soie fabriquées à Constantinople, où l'on apportait même déjà la monnaie des rois de France, laquelle commençait à avoir cours dans les autres États ; et le Japon recevait l'or pour la première fois des Coréens, qui négociaient avec eux (605 ap. J.-C.).

Vers ce temps (647 ap. J.-C.), Alexandrie laissait tomber son commerce ; la France, au contraire, pour donner plus d'extension au sien, et en même temps pour le mettre en garde contre les vexations des seigneurs, inventa les *foires* ou assemblées des principaux négocians qui s'y rendaient de toutes les parties du globe, et sur lesquels, par conséquent, la noblesse n'avait aucun droit.

Les Génois, encore assez faibles, voulaient, 678 ans ap. J.-C., fixer leur commerce sur Caffa, mais ils en furent chassés par les Huns et les Sarrasins, qui, de même que les Arabes, firent frapper leurs premières monnaies sous Abdalmeleck (695 ap. J.-C.). L'on ne doit pas s'étonner si les peuples du Nord, dans ces temps, cherchaient à fuir leur patrie; la barbarie, l'ignorance et l'ingratitude du sol et des climats les poussaient naturellement vers les nations voisines; aussi, pendant plus de deux siècles, les Scandinaves, fuyant les cimes blanchâtres de leurs glaciers, en laissaient la seule garde à leur puissant Odin et visitaient les côtes de la Baltique. Dans ces courses, ils pénétrèrent en Russie, tout en commerçant et guerroyant.

Loin d'eux (750), le commerce recevait un grand secours de l'invention des *lettres de change*, qui paraissent avoir été introduites par les Lombards et les Florentins. La France (753) fixait à vingt-deux sous la livre pesant d'argent, ou deux marcs, et adoptait deux ans plus tard l'usage de compter par *livres*, *sous* et *deniers;* ce taux fut réduit à vingt sous par Charlemagne en 800, afin de donner de l'uniformité aux poids et mesures; mais la féodalité du bon vieux temps vint déranger cette institution, dont l'uniformité ne fut rétablie que sous l'égide d'une révolution malheureusement trop sanglante.

Ce Charlemagne avait de grandes idées, et il prenait les moyens positifs de les faire respecter de ses voisins; aussi se créa-t-il une marine imposante, et son pavillon se faisait-il craindre depuis l'embouchure du Tibre jusque sur les côtes de la Germanie. L'industrie ne fut pas sans en ressentir les heureux résultats que sa mort ne put entièrement dissiper. A cet élan général, les Flamands doivent le commerce de poisson qu'ils firent avec les Ecossais (836), et les Arabes (854), celui des denrées de la Chine et des Indes.

Vers cette époque, il faut l'avouer, l'industrie recevait aussi une autre influence que celle des souvenirs de Charlemagne. Un roi d'Angleterre, Alfred le Grand, quoique bien petit souverain, faisait fleurir pour la première fois cette île depuis si célèbre: il y fonde une marine, fait aller ses vaisseaux à Alexandrie, leur fait passer l'isthme de Suez, ouvre des relations avec la Perse; et, d'après ses ordres, Other visite la Norwége, la Laponie et la Biarmie ou Archangel. Mais plus tard (969), l'Angleterre elle-même fut éclipsée par la Belgique, sous Baudouin le Jeune qui amena l'opulence dans ses États, grâce aux franchises qu'il accorda aux foires de ce pays.

Tel était le contraste qui régnait alors en Europe, qu'en Allemagne et en France l'ignorance des seigneurs et la féodalité opprimaient les peuples, tandis qu'à Venise et en Grèce (998), de simples marchands couvraient les mers de leurs vaisseaux; ils allaient chercher l'or que les Mahométans tiraient du centre de l'Inde, et le rapportaient a ces barons francs ou allemands, qui n'avaient que leur stupidité et leurs terres pour richesses.

D'un autre côté, la galanterie tenant l'Espagne en éveil, les chevaliers errans combattans pour leurs belles et les croisés pour leur Dieu, firent enfin connaître à l'Europe les peuples d'Asie; et des relations actives furent établies avec l'intérieur de cette grande et belle contrée.

Il ne faut pas croire que la réduction des *effets publics*, ou leur perte de valeur, faute de crédit ou pour toute autre cause, soient d'une invention nouvelle; l'origine en vient de la Chine : il fallait y payer les frais d'une armée, et l'Etat était sans argent; alors on inventa, en 1131, des billets de caisse, qui, ayant été trop multipliés, furent réduits au tiers de leur valeur. Les *banqueroutes* ne sont donc point, comme on le voit, une découverte moderne.

La Chine, se livrant ainsi à des opérations hasardeuses, laissait ses antipodes, les Brêmois (1147), explorer la Livonie, l'Esthonie et tout le nord de l'Europe, et le commerce de Gênes briller de toute sa gloire (1150), Cependant, près de la Chine, les Kins frappaient monnaie pour la première fois (1157). Les Vénitiens, dans la même année, établissaient leur *banque*, qui ne fut définitivement constituée qu'en 1587, et les Juifs, dont nous avons peu parlé en particulier, répandaient les lettres-de-change dans la Lombardie (1181).

A cette même époque, si l'on en croit le roman de la Rose, les navigateurs se conduisaient avec une espèce de boussole appelée *marinette*, résultat de cette observation si importante que l'aimant se dirige constamment plus ou moins vers le Nord. Quatre ans après (1185), Philippe-Auguste introduisit l'usage de paver les rues, usage que l'on croit avoir pris naissance à Carthage; car Rome elle-même ne fut pavée que 188 ans après l'expulsion de ses rois.

Ce fut dans le siècle suivant que la découverte de la boussole prit son développement sous l'influence de Roger Bacon; ce siècle était celui de Gengis-Kan, célèbre par les victoires de ses Mongols sur les Chinois qu'il soumit à sa domination, et chez lesquels il s'établit avec ses troupes, afin de jouir dans leur pays des agrémens de la vie, au moyen des produits divers que ce peuple industrieux devait lui fournir (1227).

D'un autre côté, Grenade (1235) se faisait remarquer par son commerce de soie; des moines, par ordre du pape, voyageaient et négociaient dans l'Inde (1246), et bientôt les Italiens ou plutôt les Lombards, accaparant le commerce, se firent les courtiers de celui de tous les pays. De cette époque (1250), date l'invention des *compagnies*, dont ils établirent les premières, l'une à Londres et l'autre à Paris; et, d'après le nom d'une rue, il paraît assez probable que le siége de leur société dans cette ville était rue des Lombards. Du reste, leur commerce s'étendait du Midi au Nord, jusque chez les Danois et les Suédois. Ceux de ces Italiens qui habitaient Venise furent les premiers à étendre leur négoce jusque chez les Mamelucks d'Egypte.

Les compagnies, fondées par les Lombards, furent promptement imitées, et Hambourg fonda aussi sa compagnie commerciale en Angleterre (1265); tandis que les Génois, loin de là, s'ouvraient des voies de commerce avec l'Inde par la mer Caspienne, en s'enrichissant de la ville de Caffa qu'ils prirent sur les Tartares (1266). Quant aux Lombards, ils changeaient au besoin le centre de leurs opérations, et la ville de Bruges, en 1300, fut leur principal comptoir pour toutes les villes Anséatiques. Malgré cette activité commerciale, l'intérêt de l'argent était monté à 45 p. cent en Angleterre (1307), et la France altérait ses monnaies (1312), de sorte que les sous et deniers furent réduits aux deux tiers de leur valeur. Nous pensons qu'on ne peut attribuer cette rareté des espèces qu'aux croisades, retirant d'Europe tout le numéraire dont on pouvait disposer. Cette pauvreté donna l'idée d'avoir des pièces d'une plus grande valeur, et l'on frappa pour la première fois des monnaies d'or en Europe, en 1320.

Depuis Charlemagne, la féodalité avait renversé en France l'uniformité des poids et mesures et des monnaies ; Philippe le Long, reconnaissant l'utilité d'un pareil système, chercha pourtant à le retablir ; mais nous savons le peu de succès que ses volontés royales ont eu jusqu'a l'arrivée d'une loi républicaine du Directoire français, qui fit à elle seule ce qu'une série de rois n'avait pu opérer.

Dans ces temps encore éloignés, l'Angleterre se soutenant par ses laines, commençait à battre monnaie (1344); Bruges mettait en œuvre ces laines; les Flamands fabriquaient tous les tissus; et les villes Anséatiques étaient le centre où se réunissaient tous les courtiers de ces divers produits. Au reste, ces courtiers ne restaient pas seulement dans les Etats du Nord : Venise était encore un de leurs comptoirs; et cette ville, qui seule avait le droit de commercer en Egypte et en Syrie, était alors la plus riche d'Europe (1345); elle était à la vérité rivalisée par Florence, mais la fortune de celle-ci était un peu factice; elle ne la devait qu'à la circulation de billets de crédit, dont la négociation haussait et baissait suivant la marche des affaires de l'État. Nous connaissons trop bien aujourd'hui ce jeu de bourse pour entrer dans quelques détails sur ce sujet, qui du reste n'est pas de notre ressort.

Si une émission inconsidérée de ce papier d'état pouvait frapper le commerce d'un coup terrible, en nécessitant une banqueroute de la part du gouvernement florentin, le roi Jean lui portait une atteinte aussi fatale en altérant la monnaie. Des juifs de Florence ou Lombards le fortifiaient au contraire par la circulation des lettres-de-change, au moyen desquelles on n'avait plus besoin de se charger de sommes pesantes d'argent pour aller acheter d'un pays dans un autre.

C'est de cette même année, 1345, que date l'établissement de la *banque* de Gênes; toutes les autres vinrent beaucoup plus tard. Ainsi, celles d'Amsterdam et de Hambourg ne furent établies qu'en 1609; celle de Rotterdam, en 1636; d'Angleterre, en 1694; de Vienne, en 1704; de Copenhague, en 1736; et celle de France, créée en 1717 par Law, ne fut solidement constituée qu'en 1800.

En 1364, les négocians français commençant à prendre leur essor, ils étendirent leurs relations en Guinée, et les navigateurs de Dieppe firent le cabotage des côtes de l'Afrique et s'avancèrent jusqu'au sud des îles Canaries (1365), tandis que les Lombards établissaient à Metz, en 1370, un *mont-de-piété* ou *caisse de prêt sur gage*, plutôt probablement par un motif d'interêt que dans un simple but philanthropique.

Tel était le mouvement commercial de cette époque, que les Chinois eux-mêmes sortaient de chez eux et portaient les productions de leur industrie jusque dans le golfe Persique et la mer Rouge (1387).

Mais peu de temps après l'année 1404, la sédition de Louvain força le commerce des Pays-Bas à se retirer en Hollande et en Angleterre. La ville de Gênes, profitant de la ruine de ce pays et de l'éclat commercial dont elle-même jouissait, voulut encore faciliter ses négociations et affermir davantage son crédit en établissant la *banque de Saint-Georges*, qui fut le modèle de toutes celles formées depuis. C'est aussi probablement à ces Génois qu'on doit la première importation (1412 à 1450) de ce poison lent qui fit mourir Voltaire à 84 ans, après en avoir pris toute sa vie : je veux parler du *café*, dont la découverte en Perse et en Arabie, est attribuée à un derviche qui cherchait un moyen d'empêcher ses moines de dormir.

Tandis que les contrées du Midi rivalisaient dans leurs relations commerciales, des pirates dans le Nord ravageaient (1418) les faibles colonies norwégiennes établies dans le Groënland ; et le prince Henri, ainsi que Joseph et Roderic, Portugais, formaient le projet de rendre le plus grand service à la navigation en construisant les *cartes marines* (1420), corrigées et perfectionnées depuis par Mercator. Les libéralités de ce prince Henri et ses encouragemens continuels ne furent pas inutiles; car les Portugais découvrirent, dans cette même année, les îles de *Madère* et de *Porto-Santo.*

On fait plus d'efforts pour arriver à des découvertes extérieures que pour améliorer les sources de la richesse intérieure, les routes et les canaux; aussi, remarquons en passant Léonard de Vinci, qui fit creuser au profit de l'Italie le *canal de Milan à l'Adda*, lequel livra cette rivière à la navigation.

Dans cette marche industrielle, le commerce d'Anvers et de Bruges, tout en reprenant un nouvel éclat, en 1427, jetait l'abondance dans les Etats du duc de Bourgogne; mais la navigation était surtout l'objet de tous les peuples commerçans. Aussi, Gilianez (1432) double le cap Non à 5° du tropique, et jusque là le terme des voyageurs européens; les Portugais (1442) découvrent le cap Arguin, dépassent de 400 lieues le tropique (1447), et trouvent le cap

Vert et le Sénégal. Cependant ces découvertes ne pouvaient être importantes que pour la suite et par le secours des gouvernemens; tandis qu'à cette époque (1450), un simple particulier, Jacques Cœur, servait à lui seul la société générale, en faisant le plus grand commerce d'Europe : trois cents facteurs étaient occupés pour lui en Italie et dans le Levant; Charles VII lui emprunta 200 mille écus; et, malgré cette fortune immense, il fut obligé, afin d'éviter les persécutions, de se retirer en Chypre pour y continuer son commerce, qui rivalisait avec celui des Vénitiens chez lesquels venaient se rendre les denrées d'Orient et du Midi.

Quel que fût alors le brillant état du commerce, il n'était rien si on le compare à l'essor que bientôt il allait prendre vers une direction inconnue, et dont l'immensité incommensurable des mers avait toujours repoussé les voyageurs. Nicolo Zeni, Quirini et d'autres Italiens, ayant, sur des notions vagues, indiqué (1450) sur leurs cartes les terres du Groënland et de diverses autres terres au sud-ouest de ce pays, Christophe Colomb soupçonna aussitôt l'existence d'un continent nouveau ; pourtant aucun Norwegien ni Vénitien n'y avait encore abordé.

En attendant cette importante découverte, les Portugais (1460) reconnurent les îles du cap Vert et les côtes de la Guinée, où Pedro de Cinta (1462) remarqua que, passé le Sénégal, les hommes sont noirs, tandis qu'en deçà ils sont bruns ou cendrés.

Mais tandis que les vents hâtaient ou diminuaient la marche de ces navigateurs intrépides, les voyageurs sur terre s'enrichissaient d'un établissement dont Cyrus et Auguste avaient senti l'importance, et dont ils avaient retiré le plus grand fruit : je veux parler des *postes* rétablies en France, en 1463, par Louis XI.

Du reste, en général, on s'occupait fort peu des moyens de rendre par terre le commerce plus facile. Toute l'attention était tournée vers la navigation ; ainsi l'on ne voyait pas, sans concevoir quelques espérances sur l'avenir, les Portugais, d'un côté, passer la ligne équinoxiale (1471), en découvrant les *Açores*, les *îles de Saint-Thomas, de Principe* et *d'Annobon* (1472), tandis qu'un de leurs compatriotes, Jean Canus de Souza, reconnaissait d'un autre côté le fleuve Zaïre, les côtes du *Congo*, et remarquait l'utilité que pouvait avoir l'aiguille en se tournant toujours vers le nord. En 1498, deux ans plus tard, un commandant de cette même nation, Barthélemi Dias, découvrit le cap des Tourmentes ou *des Tempêtes*.

Ce siècle était celui des navigateurs; aussi l'un des plus remarquables d'entre eux lui imprima-t-il son nom. Ce fut Christophe Colomb; nullement envieux des découvertes que l'on faisait chaque jour sur les côtes de l'ancien continent, il voyait avec indifférence les Européens établir leurs relations avec Canton et la Chine par l'isthme deSuez (1490); son esprit était occupé d'une seule idée fixe, il tournait ses regards et ses pensées vers l'Occident. Après avoir soumis ses vues à sa patrie, puis à l'Angleterre, et après avoir essuyé des refus de toutes parts, ce célèbre Génois parvint enfin à séduire Ferdinand et Isabelle d'Espagne. Grâce à leurs secours, il part donc (1492), du port de Palos en Andalousie, avec trois petits vaisseaux et le titre d'amiral. Il mouille aux îles Canaries, et arrive au bout de trente-trois jours à *Guanahami* ou *San-Salvador*, et aborde à l'île d'*Haïti* ou *Hispaniola*, depuis *Saint-Domingue* ; il visita ensuite les *îles Lucayes* et *Cuba*, pour revenir après en Espagne, chargé d'or et de naturels de ces pays.

Mais toutes ces différentes découvertes ne tardèrent pas à jeter de la mésintelligence entre le roi d'Espagne et celui de Portugal, Jean II. Ces tracasseries furent même si vives qu'il fallut que le pape intervînt. Ce ministre divin, oubliant ses attributions spirituelles, se crut un instant la suprématie temporelle entre les mains, et fixa les découvertes par la fameuse *ligne de marcation*, donnant au Portugal toutes les découvertes faites à l'Orient des Açores, et à l'Espagne les terres qui pouvaient se trouver à l'Occident.

Après cette décision, Christophe Colomb, fatigué des intrigues des cours, mais non des voyages, repartit avec une escadre de 17 vaisseaux, à la tête de laquelle il découvrit les *îles des Caraïbes*, *Porto-Rico* et la *Jamaïque* (1494). Cependant, pour récompense, l'évêque de Burgos, Fonseca, qu'on lui avait imposé pour juge de ses actions, le ramena les fers aux pieds en Espagne, où il resta quatre ans entiers sous le poids de la calomnie.

Pendant qu'il endurait ces infâmes traitemens, il paraît qu'Améric Vespuce, mettant à profit les soupçons de Colomb, visitait l'*Amérique méridionale*, en levait et publiait la première carte en 1497, et imposait son nom à cette nouvelle contrée, honneur qu'il enleva et qui appartenait de droit à ce malheureux Christophe Colomb, auquel il ne fut permis qu'en 1498 de découvrir l'embouchure de l'Orénoque et de constater que ses rives faisaient partie de la terre ferme d'un nouveau continent. Quant à l'*Amérique septentrionale*, elle fut trouvée un an après (1499), par Cabot, au nom du roi d'Angleterre, Henri VIII; sa reconnaissance s'étendit depuis Terre-Neuve jusqu'à la Virginie.

Tandis que ce nouveau continent occupait les recherches des voyageurs, les Indes orientales fixaient l'attention d'un autre célèbre navigateur, Vasco de Gama, qui, doublant le *cap de Bonne-Espérance*, arrivait à Calicut, capitale du *Zamorin*, et ouvrait ainsi une nouvelle source de richesses au commerce de sa nation qui pouvait alors rivaliser avec les Vénitiens. Il laissait à Pinson et à Cabral l'honneur de découvrir le *Brésil*, à Bastides celui de trouver le *Labrador.*

De toutes parts on faisait une foule de découvertes que l'espace ne nous permet pas de suivre; cependant nous ferons remarquer l'année 1517 comme bien malheureuse pour l'humanité; elle vit naître cette horrible *traite des noirs*, mais elle vit aussi l'arrivée du premier vaisseau européen à la Chine, celui d'Andrada. Les années suivantes donnèrent lieu aux découvertes des *Florides* par Levi (1518), des *terres australes* par Magellan (1521), et du *Pérou* par Pizarre, en 1526.

La folie de coloniser animait tous les peuples, chacun faisait des découvertes: alors les Espagnols trouvèrent la *Nouvelle-Guinée* et pénétrèrent au *Chili* qui leur offrait ses mines opulentes.

En 1521, François Ier, à l'occasion de la guerre de Milan, s'ouvrit un moyen de crédit nouveau par l'établissement des *rentes perpétuelles sur l'État*, invention financière dont on connaît l'énorme succès.

D'après quelques passages de Cicéron, de Suétone et de Tite-Live, plusieurs savans, tels que Puffendorf et autres, ont voulu faire remonter la pratique des *assurances commerciales* jusqu'aux Romains; mais les premières traces qu'on en trouve bien clairement indiquées, c'est dans un décret de Florence, en date du 15 juin 1526; après quoi cette institution passa à Livourne, en 1532, et en Angleterre, en 1560.

Dans cet élan commercial, la Chine, elle-même, sortait de son état stationnaire en établissant, sur ses frontières, des foires pour faciliter aux Tartares la vente de leurs chevaux (1550). L'Angleterre trouvait la *mer Blanche*, entrait en relation avec les Russes de ce côté et avec les côtes d'Afrique de l'autre (1553). Pour la première fois les Russes connurent la *Sibérie* (1563) et les Anglais prirent la route de la *Guinée;* enfin en 1565, *Surate* devint l'entrepôt général de toutes les richesses de l'Inde; les Mogols, les Persans, les Arabes, les Juifs et les Européens, tous s'y rendaient, tandis que les Portugais se tenaient au Japon et qu'Amsterdam, en 1570, s'ouvrait une nouvelle branche d'un commerce immense, en salant les harengs.

Vers 1583, les Anglais jetèrent, dans l'Amérique du nord, le premier établissement auquel les États-Unis doivent leur naissance. L'honneur en est à la *compagnie Walter Raleigh*. C'était le commencement de la prospérite de l'Angleterre; la reine Elisabeth était sur le trône et encourageait le commerce. En même temps Venise, a l'agonie, fondait sa banque, et les Portugais, se laissant éclipser aux Indes orientales, livraient leurs richesses aux Hollandais. Ceux-ci, sous la conduite de Corneille Houtman, allèrent, en 1596, au cap de Bonne-Espérance pour le compte de leur compagnie découvrir des *pays lointains*, et s'établirent a Java et aux Moluques, en 1598 seulement. Le grand nombre de compagnies qu'ils fonderent fit qu'elles se nuisirent les unes les autres dans le commerce de l'Inde; mais le coup le plus cruel qui les frappa, fut la grande *Compagnie des Indes*, formée à Londres en 1600, avec un privilége exclusif d'Élisabeth, pour 15 ans. Afin de mieux lui résister, les Hollandais réunirent toutes leurs sociétés en une seule, sous le nom de

Compagnie des Grandes-Indes, dont le principal comptoir était à Java, en 1602. La compagnie anglaise n'eut pas seulement à lutter contre celle-ci et contre les Portugais, il fallut encore entrer en concurrence avec celle que Henri IV fondait en France, en même temps que ses flottes allaient coloniser le *Canada*, en 1604.

Après cette époque, pendant sept à huit ans, il ne se passa rien de bien remarquable pour le commerce; seulement la *banque d'Amsterdam* fut établie en 1608. L'année suivante, la mort de Henri IV fut un événement terrible pour la France, et en 1610 la Compagnie anglaise des Indes, au lieu d'acheter ses navires aux villes anséatiques, s'affranchit de ce droit en les construisant elle-même. Cette même année, il arriva une chose unique dans les fastes religieux et politiques. Une compagnie pour la parole divine, voulant gagner au ciel le plus d'âmes possible, s'arrogea le temporel du *Paraguay* et l'administra sous le seul bon plaisir de ses membres; de sorte que la société de Jésus devint alors, en réalité, une compagnie *théo-politico-commerciale*, dont les agens n'étaient pourtant pas solidaires vis-à-vis des tiers. Une autre secte, plus rigide que les Jésuites dans sa morale, les *Puritains* firent, en 1621, les premières plantations de la *Nouvelle-Angleterre*. Tandis que les bons pères faisaient les petits rois au Paraguay, le Hollandais Hertoge découvrit, en 1616, la *Nouvelle-Hollande*, visitée par Van Diemen en 1622.

» Alors la Grande-Bretagne jouissait pour vingt ans, de l'union que sa compagnie avait faite avec les Hollandais pour le commerce de l'Inde; mais ceux-ci, repoussés plus d'une fois par les Portugais, s'en vengèrent sur les Anglais, qu'ils chassèrent des îles aux Épiceries en 1623, et sur les Espagnols, auxquels ils prirent le Brésil en 1625.

Dans ces temps de colonisation générale, où les Anglais s'établissaient à *Maryland* (1633), et les Hollandais au fort de Zélande, dans l'île *Formose*, à eux cédée par le Japon, les Français prenaient possession, en 1635, de la *Guadeloupe*, de la *Martinique* et de *Cayenne*; et les Anglais s'établissaient à *Rhode-Island*, qui vit plus tard les premiers coups que leur porta la liberté naissante de ces contrées.

Jusqu'à ce que ce premier mouvement

d'indépendance arrivât, les Hollandais et les Portugais se disputaient leurs comptoirs. Ceux-là prenaient *Malaca* en 1640, et les Français, sous la protection de Richelieu, allaient aussi aux Indes orientales, et formaient un *comptoir à Madagascar* en 1641.

De 1650 à 1653 les Hollandais chassèrent les Portugais du cap de Bonne-Espérance, et les Anglais, divisés d'opinion en Amérique, introduisirent en Virginie l'usage des nègres.

Vers cette époque, les Russes, poursuivant leurs recherches dans la Sibérie, finirent par se rencontrer avec les Chinois, chez lesquels ils commercèrent presque aussitôt en 1656.

Pendant que le Nord négociait en paix, la guerre continuait dans le Levant et dans l'Occident; le Brésil (1657) repassait aux Portugais, qui étaient chassés de l'Inde par les Hollandais (1659), et les Anglais parvenaient à se rendre maîtres de tout le sucre qui venait en Europe, en 1660. Du reste, des compagnies nouvelles créaient de toutes parts à leur profit des priviléges et des monopoles; on ne rêvait que cela, et la France ne brillait pas parmi les nations dans cette manie de coloniser. Elle florissait pourtant au plus haut degré dans l'intérieur; Louis XIV remontait sa marine en 1668, et faisait commencer par Riquet et Andréossi le *canal du Languedoc* pour la jonction des deux mers. Non content de cela, ses richesses achetaient *Pondichéry*, et ses encouragemens faisaient découvrir le *Mississipi* en 1674, tandis qu'un autre prince, le duc d'York, inventait l'art de transmettre sur mer tous les ordres par le mouvement des *pavillons*.

La découverte du Mississipi conduisit naturellement, en 1679, les Français à celle de la *Louisiane*, et, en remontant le fleuve, à celle de la communication de ses eaux avec le Canada, en 1682.

L'Angleterre, commandant déjà aux Indes et en Amérique, ne pouvait suffire au numéraire dont elle avait besoin; aussi l'augmenta-t-elle par l'établissement de sa *banque*, fondée par le roi Guillaume, en 1692. Mais un coup terrible venait frapper son commerce ainsi que celui de toute l'Europe; ce fut celui qui lui ferma l'entrée du Japon en 1692. Pourtant les découvertes des Halley et des Newton venaient de rendre les voyages maritimes plus faciles par les découvertes du *quart*, de l'*octant* et du *compas de variation.*

Pendant que cela se passait au Japon, les Français obtenaient de l'Espagne le droit de s'établir à la Louisiane, introduisaient chez eux leur *papier-monnaie* et leurs *billets de la caisse d'emprunt*, et les Russes trouvaient le Kamtchatka en 1702. Mais les Russes devaient alors sortir de l'état barbare : Pierre le Grand venait de paraître, et il s'ouvrait la Baltique en construisant une ville nouvelle, Saint-Pétersbourg ; il réunissait la mer Caspienne, la Baltique et le Pont-Euxin par le Don et le Volga ; enfin il installait dans ses Etats l'industrie et le commerce en attachant à son sol des artisans divers, en y fondant des manufactures de draps, de toiles, de papier, et en y établissant des imprimeries, des écoles et des hôpitaux en 1704.

Je ne parle pas des diverses compagnies fondées ou culbutées tour à tour. Cependant faisons remarquer qu'à l'instant où les Anglais et les Français commençaient à fréquenter la *mer du Sud*, ceux-ci voyaient leurs établissemens à peu près anéantis dans les Indes en 1712, tout en pêchant encore la morue à Terre-Neuve, à l'île Royale et même au Cap-Breton (1714); mais ceux-là obtenaient, par le *traité d'Assiento*, la permission du commerce des nègres en Amérique; la Prusse elle-même, sous Frédéric Guillaume Ier, commençait à devenir commerçante et manufacturière, en 1714.

Le commerce seul semble avoir absorbé les premières années du 18e siècle. Ainsi ce fut, entre autres choses, en 1716 qu'on vit s'établir la *Banque royale de Law* ou *Lass*, dont le papier était hypothéqué sur la culture des colonies françaises et sur la propriété de la Louisiane. Cette opération, jet heureux d'une imagination sans ordre, ayant été mal conduite et les billets émis outre mesure, leur crédit tomba : chacun voulut être remboursé, et l'argent venant alors à manquer, l'on ne put répondre aux demandes. Il en résulta une faillite épouvantable qui, tout en ruinant son auteur et la France entière, porta un coup funeste aux banques étrangères d'Allemagne et d'Angleterre, qui s'y trouvèrent toutes plus ou moins compromises. Cet échec, en ralentissant, n'éteignit pourtant pas tout commerce, et, des débris de cette grande banque, on en reforma une petite pour l'exploitation des Indes, en 1721. La plus remarquable de ces *banques* fut ensuite celle d'*Ostende*, fondée en 1722 et supprimée définitivement en 1729.

Mais dans ces grandes tourmentes financières, les puissances perdaient de vue la Russie devenant commerçante et formant des liaisons intimes avec les Chinois (1728).

Tandis qu'il se formait, en 1731, une *Compagnie d'assurance contre les incendies* à Copenhague, tandis que la Compagnie française des Indes abusait de ses priviléges et que la ville de Paris était obligée, pour éteindre ses rentes, de spéculer sur la misère et l'ignorance du peuple en créant la *Loterie* en 1737, les Russes reconnaissaient les côtes nord de l'Amérique (1740), en laissant le capitaine anglais Anson doubler le *cap Horn* pour la première fois. Les Anglais, non contens d'être mal avec les Espagnols, commencèrent aussi, en 1744, à devenir jaloux de nos compagnies des Indes. Cette jalousie des Anglais devint telle qu'ils fondèrent, en 1752, à Londres, une société anti-gallicane dans l'intérêt des arts et métiers pour faire tort au commerce français, en attendant qu'ils s'emparassent de nos comptoirs de Surate, en 1759, et de ceux de Pondichéry et autres que nous avions dans l'Inde, en 1762.

Il est inutile de parler ni de la *caisse d'escompte* de Paris, supprimée dès sa naissance (1767-1769) et rétablie par Turgot en 1776, ni des voyages scientifiques faits par Cook, Bruce, Poivre, Lapeyrouse et autres voyageurs célèbres; ils sont connus et n'eurent pas d'influence positive sur le commerce des nations. Il n'en était pas de même du *port de Cherbourg*, du *canal de l'Ourcq* et de la *caisse d'amortissement d'Angleterre*, en 1786, établissemens qui ne pouvaient être qu'utiles à leurs nations.

Si on en peut dire autant de la *banque des États-Unis d'Amérique*, quel silence ne devons-nous pas garder sur ce *papier-monnaie* qui eut cours en France sous le nom d'*assignats*, en 1790! fruit d'une révolution sanglante, il en paya bien terriblement les effets. Cependant c'est à cette révolution que le commerce français dut, cette même année, l'adoption de *l'uniformité des poids et mesures*, et en 1791 la *suppression* de ces *compagnies à priviléges* et de ces *jurandes* et *maîtrises* qui entravaient alors le génie et l'indépendance de l'industrie d'une manière si fâcheuse. C'est à elle qu'on dut aussi la suppression momentanée de la loterie, ruine continuelle du malheureux, et l'établissement du *Mont-de-Piété* qui n'a conservé depuis que le manteau philanthropique de son institution. Mais dans son élan patriotique, la Convention adoptait aveuglément les *mesures prohibitives*, mesures qu'une sage économie politique ne doit toucher qu'avec bien de la prudence.

Telle était la folie de ces temps, qu'un Robespierre, le 15 juillet 1794, osa prohiber la science et l'industrie; mais le despotisme du sang ne pouvait durer; et la voix des Lalande et des Chénier ne fut pas longtemps sans rappeler les arts et leur offrir des encouragemens; ils donnèrent promptement à la France des certitudes pour la garantie de l'avenir, en créant cette *Ecole polytechnique*, pépinière des savans, des officiers et des fabricans distingués qui, depuis le 2 septembre 1795, ont illustré leur pays.

Dans une telle révolution, les finances ne pouvaient être solidement administrées; aussi les assignats commencèrent-ils à perdre 30 p. o/o pour tomber rapidement à rien. Heureusement que le courage et les armes victorieuses des Français ne tardèrent pas à réparer les maux des dissensions intestines dont les frais furent payés par les trésors étrangers. Pour maintenir l'etat brillant de nos finances résultant de nos victoires, on fonda la *Banque de France*, et l'on rétablit les foires, afin de rendre au commerce son existence réelle. Mais ce qui lui imprima le plus bel élan, fut la première *exposition de l'industrie* qui eut lieu à Paris en 1801. Dès l'année suivante, on en ressentit les heureux effets, et le commerce ranimé montrait déjà le pavillon français à Pondichéry, en Amérique, en Morée et sur les côtes barbaresques. Malheureusement, le jour qui vit créer la Légion-d'Honneur fut le même où l'on rétablit la traite des nègres (19 mai 1802). Cette année affligeante pour l'humanité était, par compensation, celle où Lyon reprenait sa splendeur et où les ingénieurs français, en réparant les routes, rendaient leurs travaux immortels en taillant ces routes dans les rocs du Simplon et du Mont-Cenis. L'industrie acquérait encore l'*École des arts et métiers de Compiègne;* elle voyait s'ouvrir des canaux intérieurs dans beaucoup de localités, tels que ceux de l'*Ourcq*, de *Charleroy*, d'*Arles*, d'*Aigues-Mortes* et de l'*Escaut;* d'un autre côté, les voyageurs, en publiant les relations de leurs courses lointaines, faisaient connaître utilement les parages qui pouvaient offrir de nouveaux débouchés. L'aigle victorieux de Napoléon planait sur l'Europe; le Léopard seul luttait avec bonheur contre lui, et les vaisseaux de l'Angleterre bloquaient tous les ports français. Nos relations commerciales ne pouvaient donc avoir lieu que par la voie de terre. Aussi l'Angleterre seule eut-elle la gloire de faire des découvertes maritimes.

Mais partout les lumières semblaient avoir besoin de se répandre; c'était, en 1809, Pestalozzi offrant sa manière d'enseigner, et en 1811, c'était Lancaster professant son *enseignement mutuel*, imaginé par un Français, le chevalier Paulet, sous Louis XVI; en 1812, c'était le prêtre anglican Bell enseignant une méthode à peu près pareille. On demandera peut-être ce que faisaient les autres nations, tandis que l'Angleterre commandait sur les mers et qu'une auréole brillante de gloire entourait la France? Elles se défendaient, luttant contre un nouveau César, dont les légions victorieuses portaient la foudre et la victoire sur tous les points qu'indiquait sa volonté. Le génie de l'industrie ne travaillait plus qu'au profit du génie de la guerre qui semblait lui-même obéir au génie d'un seul homme. Mais enfin les forces des puissances réunies accablèrent ce colosse, l'indépendance fut rendue aux nations, et le commerce reprit partout une nouvelle activité. Des voyages dans l'intérêt des sciences furent entrepris chez toutes les nations; le pacha d'Egypte lui-même, Mohammed-Aly, voulant sortir ses États de l'obscure barbarie dans laquelle ils étaient plongés, y introduisit, à grands frais, toutes les branches de l'industrie en y fixant des fabricans et des ouvriers d'Europe en 1818.

Depuis cette époque, l'industrie commerciale a fait, notamment en France, de nouvelles conquêtes, surtout du côté de l'instruction. Ainsi, nous ferons remarquer l'établissement à Paris de l'Ecole de commerce, où les jeunes gens en peu de temps apprennent ce qu'ils ne savaient autrefois qu'après avoir passé dix ou quinze ans dans les comptoirs; enfin, 1829 vient encore de donner naissance à plusieurs institutions à peu près du même genre: ainsi l'École centrale des manufactures, sous la direction de M. Lavallée, et l'École d'industrie manufacturière, dirigée par M. de Sainte-Preuve, l'une et l'autre destinées à offrir à la France des directeurs et chefs de fabriques, capables de soutenir notre industrie au rang qu'elle tient à présent. Cependant, cet élan vers le commerce ne s'est pas seulement fait sentir en France, et chaque pays a suivi son développement, excepté pourtant la Turquie, l'Espagne et le Portugal qui, seuls, ont rétrogradé; l'Allemagne est restée à peu près stationnaire, tandis que la Russie, la Prusse et l'Amérique se sont élevées au plus haut degré de splendeur; mais la France s'est placée au niveau de la Grande-Bretagne par son industrie : cette première puissance, fatiguée de la guerre, a, pendant 14 ans, réparé, dans le silence, sa marine, pour lui faire prendre enfin le rang qu'elle tient aujourd'hui sur les mers, et replacer encore notre patrie, même dans la paix, au premier degré de l'échelle des nations. Quant à l'Angleterre, tourmentée par ses dissensions politico-religieuses, affaiblie dans son crédit par sa dette énorme, il est probable qu'elle ne sera pas seule, une seconde fois, l'arbitre du commerce de l'univers.

ASPECT COMMERCIAL

DE QUELQUES PEUPLES

A DIVERSES ÉPOQUES.

L'industrie, en créant de nouveaux procédés et de nouvelles branches de commerce, a présenté aux divers peuples des sources continuelles de prospérités; cependant ces sources se sont alternativement taries, suivant que le voile épais de la barbarie a couvert les contrées qu'elles enrichissaient. Le temps, seul et éternel témoin des commotions morales ou physiques de notre globe, a vu partout la chute de l'industrie entraîner avec elle celle de la civilisation et souvent même celle des plus grands empires.

L'histoire nous a transmis quelques-unes de ces perturbations politiques, et leur tableau serait du plus grand intérêt; mais, forcés de nous maintenir dans le cadre étroit que nous nous sommes imposé, nous n'offrirons ici qu'une ébauche rapide du passage de l'industrie chez les peuples. Ce passage fut presque toujours celui de l'éclair, et, comme lui quand il sillonne la nue, on l'a vu briller un instant sur les plus grands États et bientôt les laisser retomber dans la nuit la plus profonde.

Dans l'impossibilité de présenter un tableau d'une si grande étendue, nous rapprocherons notre ligne d'horizon et nous nous bornerons à l'esquisse du commerce des principaux États politiques de notre globe. Pour donner plus d'utilité à notre travail, nous partirons du point le plus éloigné et nous nous rapprocherons, en raison de la progression d'intérêt, jusqu'à ce qui nous touche immédiatement. Nous donnerons, autant qu'il nous sera possible, un aperçu de l'état commercial actuel de chaque peuple qui nous passera sous les yeux; cependant qu'on se garde de croire que les chiffres, quand ils exprimeront des valeurs numériques, puissent être réduits en une valeur de francs correspondante : il n'en est pas ainsi, et cette balance, erreur de beaucoup d'économistes, ne peut réellement s'établir. Car, par exemple, si nous expédions pour 100,000 francs de marchandises au Brésil, ces marchandises auront-elles la même valeur à leur arrivée dans cet empire? non, probablement. Mais d'ailleurs, cette valeur sera relative à la richesse momentanée du pays. Il est donc sage, dans les comparaisons d'États à États, de considérer seulement les quantités et de leur donner une valeur fictive et de convention, mais qui soit la même pour l'estimation des denrées d'importation et d'exportation de tous les pays et de tous les temps. Ce besoin a même été tellement senti par le gouvernement français, que les marchandises contenues dans les états des douanes sont, depuis quelques années, toujours estimées sur une même valeur qui a servi de point de départ. De cette manière, que la valeur du numéraire change ou ne change pas, l'on aura toujours dans tous les temps un état comparatif exact de notre commerce d'importation ou d'exportation.

CHAPITRE PREMIER.

Aspect commercial de quelques peuples.

Sans répéter ce que nous avons dit dans les premiers chapitres de cet ouvrage, nous allons donc parcourir les diverses contrees, pour voir l'influence que l'industrie et le commerce peuvent y avoir exercée.

§ Ier. — *Égypte.*

L'antique pays des Pharaons se présente le premier dans les souvenirs de l'histoire. D'abord fiers de la richesse de leur sol, manquant de bois pour construire des vaisseaux sans lesquels point de transports lointains, les Egyptiens abandonnèrent longtemps à des femmes le soin du commerce de l'Orient et de l'Occident. Mais la vue des Phéniciens et des autres étrangers qui leur apportaient de quoi nourrir leur luxe, réveilla chez eux de nouveaux besoins que la puissance théocratique ne put amortir; ils se portèrent donc aux Indes pour y échanger les étoffes de laine, le plomb, le fer, le cuivre et l'argent des Européens, contre l'ivoire, l'écaille, les soieries, les perles, les épiceries et l'encens, parfum éternel des dieux de tous les temps.

Enfin le fils de Philippe, roi de Macédoine, fit sourdir Alexandrie du sol égyptien, et cette seule ville, que sa position géographique rendait naturellement le centre des opérations commerciales, offrit bientôt la plus grande activité sur son port. Cependant, suivant le génie ou l'indolence des souverains de cette riche contrée, cette activité augmenta ou diminua tour à tour. La mobilité du sable des déserts de cet empire est l'histoire fidèle de son industrie. Une théocratie despotique y conserva long-temps, pour elle seule, le monopole des sciences et des arts; puis après, une autre théocratie non moins despotique, mais cruelle à l'excès, en proscrivit, sous peine de mort, le génie de l'invention, et l'on vit le voile funèbre de l'obscurité, soutenu par l'épée religieuse de Mahomet, couvrir l'Orient tout entier. Pourtant, malgré le Koran, les lumières pénétrèrent chez ces Arabes, pour qui le ciel n'était qu'une assemblée nombreuse de houris offertes à leur volupté, et ces commerçans, devenus soldats, transportaient leurs découvertes et leurs manufactures là où ils dominaient. Pour conquérir, ils possédaient des moyens terribles et inconnus aux autres peuples; ainsi le *feu grégeois*, en 670, était entre leurs mains une arme de victoire. On les vit donc tour à tour paraître avec honneur et faire respecter leur pavillon guerrier et commerçant sur le Bosphore, dans l'Hellespont, en 707, et sous le nom de Maures, aller fonder en Espagne ce brillant royaume de Cordoue, en laissant à Abdérame le soin de s'emparer de ceux de Castille, de Navarre, de Portugal et d'Aragon.

A cette époque l'Occident, nul dans la balance du commerce, était forcé d'aller en Orient pourvoir a ses besoins; et en attendant que les villes de Venise, de Gênes, de Pise, de Lucques et de Florence fussent brillantes par leurs marchés, Constantinople était celui de l'Italie, tandis que Tripoli, Damas et Alep étaient, pour l'Europe, les entrepôts des marchandises de l'Inde.

Mais négociant et nomade, l'Arabe laissa l'Égypte dans l'inaction, et la Syrie seule fut l'objet de ses affections que les croisades vinrent lui disputer souvent avec honneur;

tous les rois de la chrétienté étaient ligués ensemble pour s'emparer d'une province d'un État dont voulut se rendre maître aussi celui qui ne fut vaincu à son tour que par la réunion entière des rois de l'Europe. Ce sera toujours avec gloire que nous nous rappellerons cette brillante expédition d'Égypte, et cet instant où une armée française osa mettre le pied sur la terre de Sésostris pour y recueillir les monumens historiques de sa grandeur passée.

Heureusement pour ce pays, cette expédition, de glorieuse mémoire pour nous, a fait renaître l'industrie dans ces contrées : Mohammed-Aly a su en profiter, et ce pacha, ayant deviné à peu près le vice mortel de son empire, a voulu le faire disparaître. En conséquence, il a fondé un collége à Bourlac, dans lequel cent élèves sont entretenus à ses frais, pour y apprendre, sous des maîtres habiles, la chimie, les mathématiques, le dessin, le grec, le latin, l'arabe, le turc, le persan et les langues modernes, afin de pouvoir ensuite remplir les premiers emplois de l'administration.

Un esprit qui comprend déjà que l'instruction est plus utile que l'ignorance, semble nécessairement appelé à rendre à l'Égypte sa splendeur, son industrie et son commerce : mais ne faut-il pas, avant tout, qu'il s'affranchisse du joug de la Porte-Ottomane, par laquelle il est épuisé, et qu'il rende à ses sujets la liberté, sans laquelle ils ne peuvent se livrer au génie de l'invention?

Ce pacha, malgré ses bonnes intentions, fait en outre le plus grand tort au commerce de ce pays, en se déclarant seul négociant : il devrait abandonner le système commencé par Joseph, qui accapara le blé au compte de Pharaon, et le vendit, dans les années de disette, aux malheureux affamés en échange de leurs biens fonciers. Ce système énerve le peuple égyptien, composé de Cophtes et de Turcs; et c'est ce qui l'a successivement fait passer sous le joug des Perses, des Grecs, des Romains, des Arabes, des Mameloucks, des Turcs et des Français, comme un troupeau qui change de maître. Enfin, il faut que Mohammed excite son peuple au travail en l'y intéressant, et qu'il l'attache sincèrement au sol : c'est le moyen de fixer l'un et l'autre dans ses États.

§ II. — *Phéniciens.*

Habitans d'un pays stérile, les Phéniciens cherchèrent des ressources sur les flots de l'Océan, ils les adoptèrent même pour nouvelle patrie, en y transportant, sous la forme de navires, les forêts du mont Liban qui leur fournissaient tout le bois dont ils avaient besoin pour la construction de leurs bâtimens maritimes. Les îles de Chypre, de Rhodes, la Grèce, la Sicile et la Sardaigne étaient remplies de leurs colonies; Cadix était un de leurs entrepôts; l'Espagne déjà leur fournissait d'immenses richesses, et, dès la guerre de Troie, d'après Strabon, ils avaient des établissemens sur les côtes orientales de l'Afrique. On croit même qu'ils allaient en Éthiopie, d'où ils ne revenaient qu'au bout de trois ans, chargés d'or, d'argent, d'ivoire et de pierres précieuses; mais ces richesses, amoncelées chez ce peuple sans patrie, finirent par l'amollir et causèrent sa perte, de sorte que Sidon et Tyr disparurent devant Carthage, qui tomba elle-même sous les coups de Rome, qu'elle avait fait trembler.

Doux, bienveillans, tolérans, pleins de frugalité et de persévérance, les Phéniciens différaient en tout de leurs voisins les Égyptiens et les Hébreux. Riches de leurs arts et de leur commerce, ils se faisaient surtout remarquer par leurs étoffes et par leurs ouvrages en bois, en fer et en argent, qu'ils exportaient pour rapporter, de leurs voyages, le blé, le lin, le papyrus, les épices, les aromates, l'or, les perles, les pierres fines, la pourpre, l'écarlate, les tissus, le fer, le plomb, le cuivre, et généralement tout ce qui était utile au luxe de Tyr, brûlée par Alexandre, sur les ruines de laquelle on voit aujourd'hui le village de Sour. Elle eut, comme nous venons de le dire, Carthage pour héritière, Carthage qui, malgré son amour pour les sciences et l'industrie, était cruelle et sanglante dans la guerre, et tellement opiniâtre qu'il fallut que Rome, pour la vaincre, la détruisît entièrement.

De la chute de la brillante Carthage, dont le commerce était le même que celui des Phéniciens, naquit la prospérité de Marseille, fondée par une colonie de Phocéens; car, entrepôt des Romains pendant leur guerre d'Afrique, cette ville recut et conserva nécessairement beaucoup de richesses.

§ III.—*États barbaresques.*

Après avoir parlé de l'Égypte, nous sommes naturellement portés à jeter un coup d'œil sur les États barbaresques; l'ignorance générale où nous sommes du commerce de ces côtes de l'Afrique nous engage à nous étendre ici plus que sur les différentes contrées de l'Europe, beaucoup mieux connues.

D'après M. Graaberg de Hemsoe, consul général de Suède à Tripoli, les régions centrales de l'Afrique apportent ou tirent leurs marchandises de Tripoli, au moyen des caravanes de Fezzan et de Ghadamès.

« L'ancienne Phazanie ou royaume actuel de Fezzan, gouverné par un petit sultan, tributaire de la régence de Tripoli, tire de l'Europe et du Levant les marchandises dont il a besoin, par la voie d'Angela.

« Il lui faut papier à écrire avec la marque de trois lunes, fabriqué à Gênes et à Livourne; corail vrai ou faux, perles de verre, toiles imprimées de coton, étoffes de soie, damas simulé, pagne commune rouge ou verte, bouracan de *Bernussi*, blanc de Tripoli, petits tapis de 5 à 6 pieds de long, fabriqués à *Mizurate* ou à Smyrne; petits miroirs, pistolets garnis de longs canons, armes à feu, armes aiguës ou tranchantes de toutes qualités et préférablement de qualité inférieure, balles de plomb, rasoirs, bonnets rouges, turbans, ambre, vases de porcelaine, qui sont très-recherchés; tasses à café, vases de cuivre étamés, fil de laiton, culottes rouges et cafetans de coton assortis, mousselines rayées, mouchoirs de mousseline blanche ordinaire, chemises larges assorties, en toile de coton rayé ou en calicot blanc; calicot blanc fin et ordinaire en pièce, très-estimé dans le Bornou et dans la Nigritie; essence de roses et épiceries.

On tire de la Nigritie le riz, le miel et le coton de la plus belle qualité.

Les piastres fortes d'Espagne circulent seules, comme monnaie, dans le Fezzan; toutes les autres monnaies d'Europe y seraient inutiles.

Les ventes se font par échanges, et se soldent par de la poudre d'or au poids de Tripoli.

La république de Ghadamès, au midi de Tripoli, a les mêmes besoins; mais le commerce de cette république est d'autant plus important à connaître, qu'il s'étend jusqu'au fond de l'Afrique, jusqu'à cette ville mystérieuse de Timbouctou, que dernièrement enfin un Français courageux, M. Caillé, est parvenu à visiter, et d'où, le premier et le seul, il est revenu sain et sauf. Les habitans de Ghadamès parlent encore la langue *A'deins* ou *Ertana* des Arabes, qui était celle des premiers habitans de la Barbarie; ils sont continuellement en guerre avec la tribu des Arabes *novagli* qui, dans sa rapacité, détruit souvent les caravanes venant de la Nigritie, et cause ainsi le plus grand tort au commerce de Ghadamès. Il existe quatre routes principales pour l'intérieur de l'Afrique :

1° La *route orientale* passant par Mezda, Sockna et Mourzouk, où elle se réunit à :

2° La *deuxième* traversant le territoire des Touaricks septentrionaux et leur ville de Ghraat, pour côtoyer le désert du Soudan.

3° La *route méridionale* allant par Ag-dass à *Haousa* et à *Cascena*.

4° La *route occidentale* traversant le Grand-Désert, par Ain-es-Salah et Agabli, dans le pays de Tuat, pour conduire presque directement à Timbouctou, où plusieurs négocians de Ghadamés ou de Tripoli et d'Angela sont établis.

Les marchandises qui viennent de l'intérieur de l'Afrique sont *annuellement* :

Esclaves noirs. environ 2,500 pour le Levant, sans que les chrétiens puissent en acheter.

Poudre d'or. 1500 onces environ, dont 1/3 reste à Tripoli, comme paiement des ventes, et les autres 2/3 passent dans le Levant ou en Europe, pour prix des marchandises; bien entendu que le tiers restant à Tripoli est en outre du tribut versé et restant dans le trésor du château.

Trona. 7,000 cantares environ, à 2 ou 3 piastres le cantare, pour les fabriques de verre, les dégraisseurs et les teinturiers. Il est aussi employé dans la cuisine africaine et mêlé au tabac à priser, pour lui donner plus de montant.

Séné. 3,000 cantares environ, à 10 ou 13 piastres le cantare. Le séné du Fezzan est un des meilleurs; il est plus vert, mais moins aromatique que celui de Seide ou Sidon de la Syrie.

Plumes d'autruches. pour 18,000 piastres fortes environ. Elles se vendent par peaux, de 20 à 25 piastres celles des mâles, et 10 à 13 celles des femelles.

Alun rouge : 3 à 4,000 cantares, à 3 ou 4 piastres fortes le cantare. Il est à vil prix.

Ivoire : 15 à 20 cantares, à 45 ou 50 piastres le cantare. Cette denrée se vend peu, mais s'échange contre le laiton du Levant, contre des sabres et autres armes blanches, contre une quantité incroyable de verroterie et de perles de verre coloré, de Venise et de Trieste, contre des pagnes de Naples et de France, contre des soieries de France et d'Italie, du fil d'or, des broderies, galons et quincaillerie.

Toutes ces marchandises voyagent sur des chameaux, dont la meilleure espèce, appelée *m'herri* ou dromadaire, fait neuf fois plus de chemin que l'espèce ordinaire, et porte de 4 à 5 cantares; chaque cantare peut être estimé peser 75 kilog. Chaque chameau se vend de 35 à 45 piastres. Le commerce ne peut se faire qu'en abandonnant les spéculations à la bonne foi des correspondans qui arrivent à Tripoli, en février et mars, pour y prendre à crédit ce dont ils ont besoin, ou payer ce qu'ils ont pris l'année précédente et débité dans les marchés du Fezzan, de Bilma, de Vadai et de Bornou. On risque peu à se confier à eux, et tout barbares qu'ils sont, ils ne font pas, comme souvent en Europe, spéculation de mauvaise foi. Le pillage des caravanes, dont ils ne peuvent répondre, est le seul danger qu'il y ait à courir pour ceux qui leur confient des marchandises, et il serait important pour le commerce de ces contrées qu'on pût y appliquer un système d'assurance analogue à celui des assurances maritimes.

Ces diverses marchandises se vendent dans les deux bazars ou marchés de Tripoli, ainsi que dans certaines localités où il se trouve des foires les lundi et jeudi, telles qu'à Sahha et à Tagucca. Quant aux autres marchandises de la Mecque et de Médine, elles sont plus communes à Maroc et à Alger; ainsi, c'est là que les habitans du Levant s'approvisionnent de bonnets rouges et noirs, de parfums appelés *k'hol*, pour teindre les yeux, de *kenna* pour colorer les ongles des pieds, et du *suak* pour donner le vermeil aux lèvres.

Tel est le commerce de ces contrées, où un soleil brûlant, tenant en une ébullition continue le sang de leurs farouches habitans, y maintient la cruauté comme un ordre habituel de leurs mœurs; mais espérons que la civilisation viendra peut-être un jour adoucir enfin le caractère de ces peuples.

§ IV. — *Grèce.*

Cette Grèce, patrie d'une foule de grands hommes, fut, dans ses temps de prospérité, une des contrées où le commerce et la navigation brillèrent avec le plus d'éclat. Athènes, seule alors, avait l'omnipotence des mers, comme celle que long-temps nous avons bien voulu laisser à l'Angleterre.

Mais on sait trop l'état actuel des Hellènes, suite de leur désunion : car tant que l'on vit exister en Grèce le gouvernement fédératif, les élémens de prospérité s'y maintinrent, le commerce y trouva sûreté et l'industrie, n'y manqua pas de débouchés pour ses produits. Au contraire, lorsque le faisceau fédératif fut brisé, l'union qui faisait la force de ce pays n'existant plus, chaque ville fut, l'une après l'autre, exposée aux coups de ses ennemis, et tout le Péloponèse tomba ainsi dans la servitude, victime de son désaccord.

Cette Grèce brillante fut donc éclipsée par Rome et asservie par les Turcs ; mais tout en livrant aux étrangers ses dieux et ses richesses, elle n'abandonna pourtant pas ses chaloupes et ses matelots. Esclaves sur terre, les Grecs cependant voulurent toujours avoir à eux quelques momens de liberté, et ils ne les trouvaient qu'au milieu des flots de la Méditerranée. Une fois chassés de leur sol, l'Epire devint l'Albanie, et toute l'Attique et le Péloponèse ne furent plus que des provinces de la Porte, pillées par les Vénitiens ou flétries par des pachas. Pour ceux-ci les actes les plus atroces n'étaient pas une honte, c'était un plaisir et un devoir : les jeunes filles de cette Grèce antique ne devaient plus rendre honneur à Vénus dans les bosquets de rose et de myrthe de Paphos ou d'Idalie, mais, pour long-temps, elles étaient destinées à devenir, dans de honteux sérails, les odalisques des pachas et des sultans.

Cependant, au milieu de ce triste état de la patrie des Périclès et des Aristotes, les jeunes Grecs erraient en Italie protégés par leur commerce, et ce commerce finit par fonder, au sein de la Porte même, une puissance colossale, ce fut celle du Phanar qui fut tour à tour fatale ou utile à la Grèce. Les richesses de ces Phanariens endormaient les officiers de la Porte ou suspendaient les foudres du divan; elles servaient encore à élever des écoles, à faire instruire la jeunesse grecque et à la disposer par conséquent au mouvement grand et généreux que suscitèrent les atrocités sanglantes de cet Ali-Tebelen, tigre féroce, insatiable d'exterminations et avare à l'excès.

Espérons que, dans leur émancipation, l'indépendance des Hellènes ne leur fera point mepriser l'industrie qui les sauva! Comment pourraient-ils oublier les cotons de Salonique, les soies et les peaux de Thessalie, le miel du mont Hymète, la garance de la Béotie, les huiles d'Athènes et les teintures écarlates de la Phocide? Mais soyons tranquilles à présent, le drapeau français protége de son ombre ces riantes contrées, et si le malheur ou l'indolence rendait leurs habitans incapables de retirer de leur sol les richesses qu'il renferme, nous relèverons leur moral, nous leur prêterons notre argent, nous leur enseignerons nos moyens de produire, moyens auxquels nous avons dû nos brillantes expositions de 1819, 1823 et 1827.

§ V. — *Turquie.*

Passerons-nous de la Grèce en Turquie? Mais que dire d'un pays bouleversé par la guerre, sinon qu'auparavant, Chumla était le centre des fabriques de l'empire, et Roustchouk en était l'une des villes les plus commerçantes? Les postes y sont encore dans l'enfance, on n'y change qu'une fois par jour de chevaux et l'on n'y va qu'en selle. On y doit le premier établissement de postes à Mourad IV; il les fonda en 1623 et 1640, et le service se fait par des Tatars remarquables par leur fidélité à rendre les dépêches qu'on leur confie. En temps de paix on peut voyager sans crainte avec eux, car ils sont redoutés même des voleurs. De Vienne à Constantinople on compte 80 stations, dont 4 en Autriche, 39 en Hongrie, 10 en Transylvanie, 17 en Valachie et 10 dans la Turquie proprement dite.

§ VI. — *Rome.*

Fatigués d'errer en nomades, des aventuriers s'arrêtent dans un lieu plus propre à établir des citadelles que des fabriques : de là ces Romains essentiellement guerriers. Ce génie de la guerre, qui animait également leur chef et dont leurs lois étaient empreintes, les détourna toujours, par la suite, de l'industrie, du commerce et de la marine. Cependant celle-ci devint, pour ce peuple nouveau, le dernier instrument qu'il employa pour asservir le monde et resserrer, dans ses mains, le commerce dont il avait besoin pour s'approvisionner. Toutes les nations vaincues venaient lui offrir leurs productions : l'Afrique apportait son or et son blé; l'Espagne, ses fers, sa laine et ses fruits; la Syrie, ses vins, sa pourpre et ses bois; l'Arabie, son encens, sa myrrhe et ses parfums. En échange de toutes ces richesses des chaînes seules leur étaient imposées. Pourtant il faut avouer que ces mouvemens, causés par l'asservissement des nations, augmentèrent la production et la circulation : tout cédait, tout était tributaire, et la voix seule des généraux commandait à la marche du commerce; mais, malheureusement, l'industrie n'était point là pour soutenir ce commerce, aussi disparut-il dès que le peuple-roi, vaincu, fut soumis au joug des barbares. Dans cette tempête, les arts, l'industrie et les lois furent bouleversés avec l'Empire; Constantinople échappa et fut dès lors, jusqu'à l'arrivée de Mahomet, le dépôt des arts et des découvertes; car ensuite les Arabes s'emparèrent du commerce. Le Bas-Empire passa au milieu des discussions théologiques qui établissaient le christianisme, puis une nuit profonde couvrit ces contrées jadis si brillantes.

§ VII. — *Espagne.*

Ce pays n'ayant eu de splendeur que sous la puissance mauresque, nous le passerons sous silence pour le retrouver en parlant du Nouveau-Monde. Seulement nous ferons remarquer quels seraient les élémens de prospérité de cette contrée si elle était moins turbulente et moins livrée aux factions religieuses et politiques: elle produit naturellement: Froment, 17,000,000 hect., seigle, 6,000,000; orge, 8,000,000; avoine, 3,500,000; vins, 7,290,000; huiles, 890; lin et chanvre, 15,000,000 kil.; coton d'Iviça, 50,000 kil.; laines, 25,000,000 kil.; soies, 750,000 kil.; fers et autres métaux], 9,000,000 kil., sur 16,750 lieues carrées habitées par 12,747,000 individus.

§ VIII. — *Portugal.*

Les Portugais, relégués à l'extrémité de l'Europe, ne pouvaient guère espérer de rivaliser avec Gênes et Venise; cependant la mer leur étant ouverte, ils se livrèrent à la navigation, et nous les verrons dans l'Inde faire disparaître, pour toujours, dans la balance commerciale, la puissance vénitienne et génoise.

§ IX. — *Hollande.*

Si le Portugal devint remarquable par ses découvertes, les Hollandais le furent bien plus par les difficultés qu'ils eurent à vaincre et par le grand rôle qu'ils jouèrent dans l'histoire du commerce. Déjà célèbres, sous le nom de *Bataves*, du temps de l'empire romain, ils furent respectés des Francs et devinrent essentiellement commerçans en passant sous la dépendance de la maison de Bourgogne. Ce fut cet esprit d'association qui leur rendit la liberté; car, asservis par les Autrichiens, indignés des persécutions de Charles-Quint, du duc d'Albe et de Philippe II, ils s'insurgèrent au nom de l'inquisition que ce dernier voulait leur imposer. L'indépendance hollandaise s'éleva, comme presque partout, au milieu de flots de sang; elle se soutint par la protection des armes de Leicester, envoyé par Élisabeth, reine d'Angleterre; alors la marine de cette république devint ce que nous la vîmes plus tard, c'est-à-dire précieuse pour le commerce, et elle fut chargée d'apporter, de l'Inde en Europe, les marchandises nombreuses qu'elle y chargeait.

Malheureusement des discussions avec Louis XIV rendirent la Hollande belliqueuse, d'autres querelles intestines et politiques firent oublier le commerce, et, par la suite, la république expira, la Flandre fut envahie et la ville d'Amsterdam fut ruinée.

Le stathouder, gendre du roi d'Angleterre, en fit un état qui redevint ensuite une république succursale de la république française, pour reprendre, en 1815, sous le nom de *Pays-Bas*, un rang parmi les royaumes. Il est inutile d'ajouter que, dans ces secousses, ce pays a laissé disparaître son commerce. S'il veut le reconquérir, il faudra qu'il appelle à son secours cette industrie persévérante et bien calculée dont il a su long-temps profiter.

Tel est le triste état commercial de ce pays aujourd'hui, qu'au lieu de 800 embarcations qu'il faisait autrefois sortir pour la pêche du hareng, il n'en est sorti que 131 en 1826; et d'après le petit nombre de renseignemens que nous avons pu nous procurer sur le mouvement commercial des Pays-Bas, voici un aperçu de ses importations et exportations: nous prévenons toutefois que l'on ne doit y ajouter qu'une confiance très-bornée.

Importations en 1827.

Sucres divers en poids connus. 53,910 liv.

Sucres divers, 4,087 futailles. — Du Brésil et d'Ava, 59,496 caisses. — D'Ava en paniers, 2,298 paniers. — Divers, en sacs, 1,810 sacs.

Café en poids,	135,400,000 liv.
Tabac américain, en poids,	29,059 liv.
Coton en poids, le reste est inconnu,	32,151 liv.
Indigo en futailles,	1,992 futailles.
Thé en poids,	8,851 liv.
Epiceries diverses,	6,479 liv.
Poivre en ballot,	21,867 ball.
Piment en ballot,	1,856 ball.

Peaux en pièces,	44,308 pièces.
Suif par punds de 40 liv.,	11,542 punds.
Chanvre par punds,	32,037 punds.
Céréales en lest,	29,351 liv.

Riz, 29,585 liv. — 16,815 ballots. — 15,254 futailles.

Potasse,	12,091 futailles.
Huile de chanvre,	1,246 punds de 40 liv.
Cuir,	223,820 pièces.

Exportations en 1827.

Sucre	164,207 quintaux de 50 kilog.
Candi,	46,437
Café.	151,291
Coton,	24,228
Poivre,	7,233
Riz,	15,683
Tabac,	54,648
Harengs,	8,503

§ X. — *Angleterre.*

Le commerce ne prit de l'importance que fort tard dans la Grande-Bretagne. Se battre pour la liberté, pour la religion, conquérir le protestantisme et chasser les Stuarts étaient des intérêts politiques qui long-temps empêchèrent les Anglais de rivaliser avec les Juifs et les Lombards dans le monopole commercial. Mais la reine Élisabeth, profitant des débats de la Hollande, offrit des ressources aux ouvriers des manufactures de Flandre, et bientôt ses vaisseaux se construisant sur ses ports, l'Angleterre vit son pavillon voguer dans le Nord et aux Indes. Depuis cette époque, ce royaume s'éleva au plus haut point des nations commerçantes, et, malgré la paix ou la guerre, il a toujours conservé le rang distingué qu'il occupe encore aujourd'hui. Nous verrons plus loin les efforts continuels qu'il a mis pour s'assurer la possession du commerce des grandes Indes. Mais en attendant exposons le tableau du résultat de son industrie actuelle.

Sa marine, en 1827, comptait 23,199 navires portant 2,460,500 tonneaux et 131,413 matelots. Cette même année, il avait été mis à flots, hors des chantiers, 434 navires, et il en restait encore en construction, en 1828, 1285 portant 145,800 tonneaux.

Les importations, en Angleterre, ont varié dans les années 1826, 1827 et 1828; cette dernière présente un total de 43,467,747 liv. sterl., ou 1,087,693,675 fr.

Dans cette importation, les *vins* s'y trouvent pour une somme de 867,545 liv. sterl. ou 22,122,397 fr. 50 c., qui en réalité n'a été que de 599,504 liv. sterl. ou 12,289,983 fr. puisqu'il y en a eu de réexporté pour 268,041 liv. sterl. ou 6,701,025 fr.

Coton en laine introduit pour 8,963,688 liv. st., ou 224,092,200 fr.; il en a été réexporté pour 1,517,946 liv. st., ou 37,948,650 fr.; par conséquent il en a été consommé pour 7,445,742 l. st. ou 186,143,450 fr.

Thé. La Compagnie des Indes en importe actuellement fort peu; son introduction s'élève à 295,884 liv. sterl., tandis qu'aux États-Unis elle monte à 3,443,504 liv. sterl.

Mais arrêtons-nous davantage sur les *exportations* de la Grande-Bretagne offrant, en 1828, un total de 61,082, 695 liv. sterl., ou 1,527,067,375 fr. à 25 c. la liv. st.

Exportations en 1828.

Des produits de la Grande-Bretagne,	51,276,448	61,082,695 liv. st.
Marchandises coloniales et étrangères,	9,806,245	

Les articles principaux de cette *exportation*, sont :

Etoffes de coton, pour 730,078,450 francs ou 29,203,138 l. sterl.

Coton filé, 99,493,975 fr. ou 3,979,759 liv. st.

Observons ici que l'industrie anglaise a quintuplé la valeur du coton en laine introduit.

Etoffes de laine,	5,979,700 liv. st.
Etoffes de lin,	2,808,081
Fer et acier,	1,581,413
Sucre raffiné,	1,117,329
Objets en cuivre,	776,895
Coutellerie et quincaillerie,	713,523
Etoffes de soie,	173,334

Cet objet, qui avait fléchi en 1827, s'est relevé d'une manière effrayante pour le commerce français, puisqu'il offre déjà, dans l'importation de cet article, une rivalité de plus de 4,420,000 f. qui, quoique n'étant pas encore arrivé à la somme énorme de 117,715,617 fr. des exportations françaises en ce genre, n'en mérite pas moins d'être spécialement observé de la part des fabricans de cette dernière nation.

Les articles principaux de la *réexportation* sont :

Café, pour	1,841,048 l. sterl.
Coton en laine, comme ci-dessus,	1,517,946
Sucre,	645,255
Etoffes de coton de l'Inde,	673,371
Indigo,	591,405

Ce qui, en résumé, présente une récapitulation de :

Importat	43,467,747 l. s.	— 1,108,427,548 f. 50 c.
Exportat.	61,082,695	— 1,557,608,722 f. 50 c.
Total,	104,550,442	— 2,766,036,271 f.

C'est-à-dire que l'activité de ces deux commerces, en Angleterre, a travaillé sur des produits d'une valeur de plus de deux milliards et demi de francs.

§ XI. — *Danemark, Suède et Prusse.*

Après avoir dit un mot de l'Angleterre, parlerons-nous des courses vagabondes des Danois et de la compagnie éphémère des Suédois qui ne firent que paraître un instant dans les Indes, où les produits de leurs mines les y soutinrent quelque temps plus que le mérite de Gustave Adolphe; car ses talens et sa volonté ne pouvaient donner plus de puissance réelle à ses Etats, et la force seule pouvait se soutenir dans les Indes?

Quant à la Prusse, nation nouvelle, elle date peu dans l'histoire du commerce, et l'on ne peut encore lui donner de place que dans les fastes militaires, où l'on voit, comme un géant, paraître Frédéric Ier.

§ XII. — *Russie.*

En parlant des nations du nord, pourrions-nous oublier ces enfans de Pierre le Grand, et ne pas faire remarquer l'importance que peut avoir un jour le commerce de ce peuple, dont le pavillon couvre les mers autour de l'Europe, depuis les glaces du Groenland jusqu'aux Dardanelles, et enferme dans l'intérieur de ses terres toute la mer Noire? Encore esclave du despotisme le plus absolu, ce peuple de serfs se courbe sous les ordres de son suzerain, et, simple laboureur, il laisse aux Juifs et aux étrangers la plus grande partie de son commerce. Cependant il fournit aux négocians des matières de la plus haute importance: Sur tous les marchés, ses potasses et ses pelleteries sont recherchées, et partout aussi l'or qu'il exploite dans ses montagnes lui fournit les moyens de se procurer l'objet de ses désirs ou de ses besoins; la liberté seule lui manque, et pourtant, à l'instant où j'écris, il combat pour la rendre à la Grèce!

Telle a été la rapidité de la civilisation de ce pays, qu'il compte déjà des fabriques en assez grand nombre, et que le résultat de son commerce offrait, en 1826, les résultats suivans, qui présentent la plus grande preuve de la marche rapide de ce pays vers un perfectionnement tendant à lui donner une influence majeure sur le reste de l'Europe et peut-être de l'Asie.

Importations en 1826, par 3594 navires.

En roubles papiers.

			roub
Comestibles, savoir :			
Vin champagne,	1,552,817	36,035,084	
— ordinaire,	7,552,634		
Café,	4,640,670		
Thé,	5,675,992		
Blés et farines,	4,431,374		
Sel,	4,520,566		
Objets propres aux fabriques,		105,926,759	
Objets confectionnés,		33,094,075	
En coton,		12,627,635	
Objets divers,		6,230,087	
Or et argent,		4,878.460	
Marchandises confisquées,		642,687	
		186,807,152	

Exportations en 1826 par 3615 navires.

			roub.
Blés et farines,	16,766,833 liv.		19,106,738
Lin,		25,494,669	136,045,645
Chanvre,	76,634,360 l.	24,966,390	
Fer et cuivre,		14,500,000	
Laines,		1,545,604	
Bois de constructions,		7,919,156	
Potasse,	20,318,400 l.	2,666,305	
			155,052,383

		roub.
		155,052,383
Suif, 141,865,400 liv.	28,053.078	
Graine de lin,	7,577,563	
Soies de porcs.	3,847,600	
Cire,	3,819,928	
		17,322,295
Objets divers,		5,659,602
Or et argent,		3,647,974
		181,782,254

RÉCAPITULATION :

	roub.
Importations en Russie,	186,807,152
Exportations de la Russie,	181,782,254
Ce qui présente une différence de	5,024,898

qui seraient entrés en Russie au profit de l'industrie, et deux siècles sont à peine écoulés depuis le temps où cet empire était plongé dans la plus profonde obscurité. Cependant nous ferons observer que l'indigène, comme nous venons de le dire, se livre encore difficilement aux spéculations industrielles, et qu'elles sont la plupart entre les mains d'étrangers.

CHAPITRE II.

Influence de la découverte des deux Indes sur l'industrie.

§ I. — *Indes Orientales.*

Tandis que Venise et Gênes faisaient briller les flots de la Méditerranée du sillage de leurs nombreux vaisseaux, les *Portugais* entraient avec gloire dans la carrière maritime. Ils passèrent le tropique en 1447, en doublant le cap Boyador pour arriver au cap Vert, et la ligne fut franchie en 1471; puis, de 1497 à 1498, Vasco de Gama arriva à Calicut, dans les Grandes-Indes. Alors Venise, la première, sentit le coup mortel dont la frappait cette découverte; aussi bientôt souleva-t-elle l'intrigue et ses flottes contre les Portugais, qui, de victoires en victoires, arrivèrent cependant à Malacca au milieu de gloire et de richesses, mais toutefois après avoir négligé des mesures de sûreté que la prudence aurait dû leur dicter.

Ainsi toute la côte du Coromandel et d'autres points avaient été méprisés par ceux qui, après être arrivés à Malacca en amis, parvinrent à commander en maîtres sur ce grand marché de l'Inde. Non satisfaits de ces heureux résultats, leurs flottes découvrirent les Moluques, la Chine, Macao, puis le Japon. En moins de 50 ans ils soumirent 5,000 lieues de côtes, et les établissemens que leurs marins formèrent aux Moluques, en Guinée, en Arabie, dans la Perse et à Macao, leur assurèrent le commerce du Japon et de la Chine.

Par suite de ces découvertes, la ville de Lisbonne devint le marché de l'Europe, et les vaisseaux même de Venise y venaient prendre leurs cargaisons. Mais tant d'opulence ne fut pas vue des autres nations sans envie; chacun voulut prendre part au commerce des Indes orientales; chacun voulut pouvoir échanger ses denrées d'Europe contre le poivre, la cannelle, le café, le thé et les diverses autres épices, et pour arriver à ce but, chacun aussi prit les armes pour en combattre le monopole.

Alors les stations que les Portugais avaient négligées leur devinrent bien nuisibles, et l'on vit les *Hollandais* s'emparer du cap de

Bonne-Espérance. *Warwich* partit ensuite, et fut établir un comptoir à Java.

Plus tard les victoires et les richesses des Hollandais obscurcissant l'avenir à leurs yeux, ils prirent bientôt tous les moyens qui devaient les affaiblir : de vrais gouvernemens furent, à grands frais, établis dans les Indes; la compagnie ne pensa plus seulement à négocier sur la vente de l'indigo, du coton, du sucre, du poivre, de la cannelle, du gingembre, du girofle, de la muscade, du camphre, de l'étain et du bois de teinture, elle voulut encore commander en vainqueur. Mais tout-à-coup la fortune tourna, les victoires se changèrent en défaites, les vainqueurs furent les vaincus; les comptoirs furent pris par les ennemis de la compagnie; de sorte qu'elle laissa le champ libre aux *Anglais*, dont les navigateurs, tels que Drake, Stephens et Cavendish, étaient aussi arrivés aux Indes orientales par la mer du Sud.

Mais jusqu'alors ils en avaient toujours été tenus à distance par les forces hollandaises. Dès ce moment, la *Compagnie anglaise*, qui avait reçu ses priviléges de la reine Élisabeth, après avoir conclu des traités avec les souverains de l'intérieur des terres, après avoir établi des comptoirs à Surate, à Cambaye, à Bantam, à Java et sur d'autres points, dans les huit voyages qu'elle fit, de 1609 à 1613, finit par s'emparer du monopole des laines, des turquoises, des étoffes brochées d'or, des tapis, des maroquins, des gommes, des résines et des parfums. Mais cela ne se fit point sans peine et sans de nombreux combats. Les Anglais imposèrent donc des lois à tous, et Tipoo-Saib, qui refusa de s'y soumettre, tomba, en 1799, sous les ruines de sa capitale, en laissant ses ennemis maîtres du Mysaure.

Depuis cette époque, les conquêtes de la compagnie anglaise des Indes se sont de plus en plus étendues; elles touchent à la Perse et à la Chine; elles vont, du sud au nord, depuis l'île de Ceylan jusqu'aux montagnes du Thibet, et l'on a vu dernièrement la guerre qu'elle a soutenue contre les Birmans, tourner à son avantage; mais en réalité la compagnie anglaise, ou du moins ses employés, ne sont plus des négocians; ce ne sont pas non plus des souverains, puisqu'il en existe d'autres dans les pays qui relèvent d'eux; ce ne sont donc que des intermédiaires qui louent à ferme, à la métropole, les octrois, les douanes et le monopole de ces contrées, dont Calcutta, la capitale, est le siége des principaux officiers civils ou militaires. Cette souveraineté fictive a tellement obéré la compagnie, que de 1773 à 1785 et à 1812, elle fut obligée d'emprunter à la nation anglaise 97 millions st.; cependant ses richesses réelles sont tellement considérables qu'elle pourra, suivant M. Tucker, offrir, à la fin de son privilége, dans deux ou trois ans, comme résultat de son commerce, un bénéfice net de 450 millions de livres sterling, toutes ses obligations remboursées. Cette somme, basée sur des valeurs fictives, semble devoir être réduite de plus de moitié, mais ne laisse pas que de nous donner une idée de la richesse du commerce d'un pays où, malgré les guerres et les malversations de toute espèce, une compagnie a pu se soutenir, avec gloire, depuis tant d'années.

Il ne faut pas croire que la *France* ne

cherchа point à prendre part au commerce des Indes orientales; elle se fatigua de voir ses ports remplis des seuls vaisseaux des Hollandais et des Anglais; ses négocians, à peine éclairés par les leçons de Colbert, ayant fondé aussi leur *compagnie des Indes*, sous la protection spéciale de Louis XIV, on vit promptement Pondichéry devenir la rivale de Batavia. Mais malheureusement on dépensa beaucoup trop d'argent pour les établissemens de Madagascar et pour les entreprises inutiles de Ceylan et de Siam en 1674; ensuite des événemens politiques et des vues de conquêtes trop étendues, firent échouer et mirent à mort une compagnie commerciale qui, à l'exemple de toutes les autres, ne voulait plus simplement commercer, mais s'arroger le monopole d'un pays, et comme elles soutenir ce droit par les armes, en étalant un faste insolent. Aussi, comme elles toutes, elle expira, ne laissant leur survivre que la seule compagnie anglaise.

Quant à la marche positive du commerce actuel des Indes orientales, on ne peut guère la spécifier. Pourtant, si nous en croyons le relevé des douanes de Batavia, l'importation dans ce pays, par navires étrangers, montait, en 1825, à 14,000,000 de florins, dans lesquelles figurent :

Les Pays-Bas pour	2,539,741
L'Amérique pour	2,417.825
L'Angleterre pour	1,930,438
Et notre pauvre France seulement pour	174,854.

On voit combien il reste à ce dernier pays à gagner dans ses débouchés, au profit de son industrie, mais le seul moyen de faire fleurir davantage nos fabriques, c'est d'assurer dans ces contrées des débouchés sûrs à nos produits, par une protection ferme et puissante.

§ II. — *Indes Occidentales.*

Nous avons déjà vu Christophe Colomb s'élancer sur les mers, guidé par son seul génie, pour trouver un nouveau continent. La réussite de ses projets plaça les *Espagnols* parmi les nations commerçantes. Non satisfaits d'entrer dans cette nouvelle carrière par les exterminations sanglantes de Cuba et d'Hispaniola, ils envoyèrent au Mexique Fernand Cortès, qui s'empara promptement de la capitale et des richesses immenses de cet empire. Il laissa le soin à Almagro et à Pizarre, en 1527, de reconnaître le Chili ainsi que le Pérou, dont les mines d'or et d'argent devinrent, sur la proposition d'un homme vertueux, de vastes et profonds cimetières dans lesquels on entassa des millions de nègres et d'indigènes. Ces infortunés étaient, comme à présent encore, pris dans le pays ou achetés sur la côte d'Afrique, et amenés en Amérique, séjour de leurs tourmens et de leur supplice, par des marchands génois auxquels Charles-Quint avait accordé le privilége de cette odieuse traite moyennant 25,000 ducats.

Après la conquête de ce nouveau continent, l'ordre finit par s'y établir. Il est inutile de dire de quelle ressource il fut aux Espagnols : l'or, l'argent, la cochenille, l'indigo vinrent promptement les placer au sommet de l'opulence; mais cette opulence eell-même ne tarda pas à nuire à l'Espagne : ses habitans, naturellement paresseux, abandonnèrent peu à peu les manufactures dont les produits, vendus en Amérique hors de prix, les avaient enrichis; les fabriques tombèrent, et l'industrie disparut du sol espagnol, chassée par l'or du Nouveau-Monde, par le monopole et par les moines. Il fallut, pour lutter contre le fisc, que le commerce avec ces nouveaux États fût fait par des étrangers. Mais de telles mesures chassèrent de l'Espagne pour toujours la prospérité; elle disparut, laissant aux riches et aux moines leurs auto-da-fés, et aux pauvres leurs manteaux pour couvrir leur orgueil et leur misère.

Toutes les nations suivirent les Espagnols sur le nouveau continent. Les *Portugais*, en 1520, s'emparèrent du Brésil, en attendant qu'ils pussent s'établir aux Philippines en 1564. Mais nous verrons bientôt qu'ayant suivi, dans ces contrées, les erremens des Espagnols, ils en subirent pareillement les conséquences.

Il en fut de même des *Français* à Saint-Domingue et au Canada. Être conquérans et despotes, tel était le but des Européens, et le véritable esprit du commerce ne guidait pas les métropoles, qui croyaient posséder toutes les richesses d'un pays en s'en réservant le monopole. Mais les suites ont prouvé, d'une bien cruelle manière, le danger d'une pareille erreur. La chaîne de fer la plus pesante finit par se rouiller, et alors l'esclave qu'elle charge la brise facilement et la fait ensuite servir à sa vengeance contre celui qui la lui imposait!

Les *Anglais* en ont aussi subi la loi. Maîtres de l'Amérique du nord, dont ils avaient acheté la propriété des indigènes, ils laissèrent la Pensylvanie se former à l'ombre de la tolérance politique et religieuse. Mais dès que la Virginie, le Maryland et les deux Carolines offrirent des contrées où le commerce pouvait trouver des bénéfices, le gouvernement, oubliant l'origine des habitans de ces Etats, leur prohiba les fabriques et le négoce, se réservant de leur fournir tout ce dont ils auraient besoin. La contrebande, on le pense facilement, suivit de près ces tyranniques exactions. Il s'ensuivit des querelles et des discussions continuelles entre les citoyens et les administrateurs; enfin, en 1763, l'Angleterre, fatiguée par une guerre sanglante, ayant voulu, pour se rétablir, mettre de force à contribution ses colonies américaines, surtout par le fameux *acte du timbre* qui parut en 1764, et par celui *du thé*, l'indignation fut générale. New-Yorck, Philadelphie, Charles-town et Boston se soulevèrent simultanément, et le 14 septembre 1774 l'insurrection fut entièrement organisée au congrès où Franklin fit connaître les droits de l'homme, puis à l'autre congrès du 4 juillet 1776, où la *déclaration de l'indépendance* de ces colonies fut publiée.

Cette déclaration, qui plaça ces provinces, sous le nom d'*États-Unis*, au rang des nations, est aussi attribuée au célebre Franklin. Depuis lors on sait la part que la France prit à cette révolution ; on sait quelles forces un de nos rois fit passer en Amérique pour aider une république à s'établir. Les citoyens de cette république n'oublieront jamais les Français qui combattirent aux côtés de Washington et forcèrent l'Angleterre à reconnaître l'indépendance de ce nouvel État, par le traité signé à Paris le 23 septembre 1783. Le voyage que l'un de ces Français, le général La Fayette, fit en 1826, est une garantie manifeste de la reconnaissance de ce peuple laborieux, chez lequel la vertu est encore honorée, le travail un besoin, et l'industrie une divinité qui couvre de son égide, habitans et territoire.

Quant à l'*Amérique du sud*, les Espagnols et les Portugais la maintinrent plus longtemps sous leur asservissement, grâce à l'infâme ignorance dans laquelle ils l'obligèrent de rester. Les torches funèbres qui éclairaient les mines étaient les seules lumières dont les rayons pussent briller dans cette partie du Nouveau-Monde; sa population entière ne pouvait même pas spéculer sur le cacao, le jalap, l'indigo, la cochenille, la salsepareille et la vanille que le sol lui fournissait: le monopole en était réservé à ses maîtres qui, la croix à la main, la dépouillaient au nom d'un Dieu bon et généreux.

Aussi ne faut-il pas s'étonner si la révolution qui s'est opérée dans ces contrées a été plus terrible qu'aux États-Unis; l'ignorance poussée à l'extrémité ne connaît plus de frein, et les masses qu'elle soulève sont comme les flots d'une mer agitée, que rien ne peut calmer ni arrêter.

L'indépendance de l'Amérique du sud commença en 1808, à Caraccas, et continua en

1810, pour prendre un essor formidable en 1814. Morillo, général des Espagnols, voulut, à la manière de Pizarre ou de Cortès, faire rentrer les Américains sous sa domination; mais Bolivar était à leur tête, et sa présence partout annonçait la victoire.

Cette indépendance a bien ramené le commerce dans ces parages, mais l'industrie sera long-temps encore avant de s'y nationaliser. Il faut auparavant que les habitans de ces nouvelles républiques, moins confians dans les métaux précieux qu'ils retirent de leurs mines, s'éclairent, et que l'instruction leur enseigne ensuite les meilleurs procédés de fabrication. Alors le Pérou verra que ses mines ne sont rien auprès des richesses que l'agriculture et l'industrie peuvent lui fournir; Buénos-Ayres et le Brésil attacheront, de leur côté, plus de prix aux millions de peaux de bœufs qu'ils peuvent exporter, ce qui eut lieu en 1822, au bas prix de 5 fr. la pièce; le Chili reconnaîtra que les fruits qui mûrissent sous son ciel magnifique peuvent fournir l'existence à l'homme avec moins de danger que la nourriture malsaine de ses mines, et que ces mines elles-mêmes, au lieu d'être exploitées à force de bras, offrent bien plus d'avantages à l'être au moyen de machines à vapeur mues par le charbon de terre que son sol lui présente en abondance.

Quant aux deux *républiques du Mexique* et *du Guatimala*, elles sont destinées à devenir les deux marchés les plus importans du Nouveau-Monde; le canal projeté à l'extrémité de l'isthme de Panama et qui doit unir l'océan Atlantique à la mer Pacifique, donnera surtout au Guatimala, riche déjà par lui-même, une influence commerciale qui compensera bien les tourmentes volcaniques dont ce pays est sans cesse assiégé, et les difficultés qu'il aura vaincues pour former un gouvernement stable. Alors la navigation libre, ainsi que le commerce, établiront facilement une balance dans les besoins, les échanges se feront rapidement et de bonne foi, l'Europe n'arrachera plus à l'Amérique ses denrées et ses richesses, mais celle-ci, au contraire, les lui offrira généreusement.

Tel est le rôle que sont appelées à jouer ces nouvelles républiques, qui n'ont pas été vingt ans à chasser les pavillons portugais et espagnols de tous leurs ports. Cependant, malgré ces victoires de la liberté sur la servitude, peut-on espérer que la stabilité viendra enfin faire fleurir ces belles contrées? Héritiers des vices des Espagnols, les habitans de l'Amérique méridionale en ont trop conservé l'ardeur et le fanatisme; ils diffèrent en cela des Américains du Nord qui, pour établir leur indépendance, n'appelèrent à leurs secours que la modération et une ferme énergie. Ami de la paix, ce dernier peuple, en récompense, a vu depuis la civilisation lui apporter ses richesses, en même temps que « l'industrie et le commerce y soutiennent l'abondance à l'ombre pacifique de l'olivier (1). »

Avant de quitter ces contrées si riches et si belles, offrons quelques notions sur le mouvement commercial d'un de ces Etats les plus stables, du Brésil :

Importations en 1825.

Elles présentent un total de 9,673,336,586 reiss.

Exportations pendant le dernier semestre de 1823.

Elles présentent un total de 5,060,291,898 reiss.

(1) Sujet allégorique du Frontispice.

Les denrées dont l'exportation est la plus remarquable sont :

Cuirs salés, 100,071 pièces.
Coton, 26,613 sacs.
Sucre, 17,853 caisses.—14,991 barriques.—11,349 fûts.—298 carats.—31 sacs.

Les mines de cet empire avaient produit, du 16 mars 1826 au 8 juin 1827, un total de 1,062 livres 7 onces 9 gros d'or, dont les lingots étaient presque tous au-dessus du titre légal d'Europe.

Voilà ce que notre cadre nous permet de dire sur ces contrées des deux Indes, qui, nous l'espérons, offriront un jour à la France d'immenses débouchés.

Quant aux États-Unis, nous avons peu de renseignemens positifs sur le mouvement de leur commerce : seulement on sait qu'en 1822 leurs

Importations se sont élevées à 382,793,000 fr., composées de diverses marchandises taxées d'après leurs valeurs, et de café 7,982,500 kilog., sucre 21,542,250 kilog., cacao, vins, liqueurs, eau-de-vie, thé pour une valeur de 3,443,504 liv. sterl., rum, mélasse, chanvre, chandelle, sel, bière, acier, savon, poivre, indigo, raisin, plomb et charbon.

Les *exportations* ont été de 415,000,000 fr.; ce qui

met la balance au profit de leurs exportations de 132,207,000 fr.

CHAPITRE II.

De l'industrie française depuis Charlemagne jusqu'à ce jour.

On sait quelle nuit profonde régnait sur tout l'Occident avant l'arrivée de Charlemagne sur le trône de l'empire. Constantinople, entre l'Europe et l'Asie, et Bagdad au-delà de l'Euphrate, offraient en 671, aux seuls Vénitiens et Génois, les denrées qui enrichissaient leurs marchés. Depuis cette époque le flambeau industriel des nations de l'Occident s'éteignit au milieu des flots de sang que le fanatisme religieux fit couler au nom d'un Dieu généreux, et les hordes septentrionales de barbares qui ravageaient le nord de l'Europe ne donnèrent pas le temps à ces nations de le rallumer.

Cet honneur devait rester à Charlemagne, ainsi qu'aux villes de Gênes, de Venise, de Lucques, de Pise et de Florence, qui, en allant chercher les marchandises de l'Inde dans les entrepôts d'Alep, de Tripoli et de Damas, rendaient une nouvelle existence au commerce.

La civilisation venait peu à peu, comme on le voit, d'Orient en Occident; les Lombards activaient l'Italie, les Arabes l'Espagne, et les Francs, laissant loin d'eux le christianisme se débattre contre Mahomet, en supportaient le joug paisiblement dans les Gaules. Les chefs de ces Francs, non moins barbares que leurs satellites, pensaient encore peu à l'industrie; et ces chefs, appelés Pharamond ou Clovis, que nous acceptons pour nos premiers rois, n'étaient peut-être pas plus avancés dans la civilisation que se trouve l'être aujourd'hui le Tartare vagabond et nomade du fond de la Crimée.

Cependant, au milieu de cet état de barbarie, Clotaire, un de ces chefs, cédant à la voix de son peuple, ne voulut admettre, en 614, d'autres droits ou péages que ceux qui existaient sous ses prédécesseurs. Puis après Clotaire, parut ce Charlemagne, comme pour étonner les peuples des temps à venir; il avait une volonté ferme et même cruelle quand on lui résistait, mais qui annonçait des idées neuves, grandes et dignes de fixer l'admiration. L'établissement de chemins et celui de la foire d'Aix-la-Chapelle firent naître, en France, le commerce et l'industrie. Le laboureur, à l'exemple de son souverain, cultivait alors son champ et ses jardins pour aller vendre ses légumes au marché; le fabricant y allait porter ses marchandises et le commerçant y échanger les siennes contre l'or, l'argent ou les bijoux des Juifs, ou contre le plomb et l'étain anglais des Saxons; l'on y voyait même le Toscan ou le Marseillais y apporter les soieries de Constantinople ou les lainages de Rome, de Ravennes, de Milan, de Lyon, d'Arles et de Tours.

Mais à la mort de Charlemagne, la France fut replongée dans les ténèbres pendant deux siècles, et ne vit renaître l'industrie dans son sein qu'à l'époque fatale des croisades. Le commerce, allégé du joug de la féodalité, par l'absence des seigneurs, profita des nouveaux débouchés que ces preux chevaliers lui ouvraient, et donna naissance aux manufactures de toile de Laval, de Lille et de Cambrai, aux fabriques de draps d'Amiens, d'Arras, de Reims et de Beauvais, aux distilleries et à la fabrication des parfums. Ce ne fut qu'après cette époque heureuse et désastreuse tout à la fois, que la boussole et l'imprimerie vinrent aider l'industrie française à profiter de tous ses avantages, et le Nouveau-Monde ensuite lui ouvrit de nouveaux débouchés.

Mais la France fut cependant, pour la plupart de ses besoins, tributaire de l'étranger, jusqu'à la fin du XVIe siècle, tirant ses toiles et une partie de ses draps de la Hollande, ses autres draperies et quelques soieries de l'Espagne, la plus grande partie de ces dernières de l'Italie, et tout cela au moyen de la marine portugaise, vénitienne ou hollandaise, dont les pavillons flottaient sur l'Océan, la Méditerranée et la mer Noire.

Enfin le meilleur de nos rois, Henri IV, parut et vint rendre le calme à notre patrie. Sous lui, l'agriculture et les fabriques prirent de l'extension. Mais ce ne fut que sous Louis XIV que l'industrie et le commerce firent des progrès remarquables : Colbert entouré des savans les plus distingués, fit établir des manufactures, en profitant des conseils des artistes les plus habiles, et par suite de la création de ces établissemens on vit, en moins de vingt ans, la France rivaliser avec l'Espagne et la Hollande pour la draperie, avec le Brabant pour les dentelles, avec l'Italie pour les soieries, avec Venise pour les glaces, avec l'Angleterre pour la bonneterie, avec l'Allemagne pour les fers blancs et les armes blanches, et avec la Hollande pour les toiles. Des primes et des encouragemens furent alors prodigués à toutes les branches d'industrie, de nouveaux ports furent ouverts, des compagnies furent établies, et notre pavillon se fit voir dans les Indes, avec autant de distinction que tous les autres.

A cette époque (1664) on remarque surtout cet édit du souverain dont les motifs indiquaient toute la sollicitude qu'il portait au commerce; on voit, dans le dernier paragraphe de cet édit, « que l'un des objets les plus essentiels était de pourvoir à la diminution et à une nouvelle fixation des droits qui se levaient sur toutes les marchandises, à l'entrée et à la sortie du royaume. Sa Majesté, sur le compte qu'elle s'était fait rendre de l'origine et de l'établissement

Ordinairement, terme moyen, l'hectare produit en France 16 hectolitres, offrant pour tout le territoire 180,000,000 d'hectolitres de céréales consommées par 31,800,000 habitans; ce qui, à 3 hectolitres 1/8 par tête, fait une consommation de 111,300,000 hectolitres; puis les semences en exigent 28,750,000 hectolitres, à raison de 2 hectolitres 1/2 par hectare. Quant aux animaux, ils en consomment 34,000,000 et les brasseries et les distilleries 2,000,000 : il doit donc rester, dans les années ordinaires, un excédant de 3,950,000 hectolitres, excédant qui augmente dans les bonnes années où la récolte peut s'élever au total de 190,000,000 d'hectol. et dans les années abondantes à 200,000,000.

L'on voit que l'on ne doit jamais craindre la famine en France, mais quelquefois l'on peut en éprouver de légères atteintes : car dans les années abondantes on abuse ordinairement de cette abondance, et la consommation augmente; de sorte que cette habitude se maintenant dans les mauvaises années, la cherté des céréales se fait d'autant plus sentir, que chaque année la consommation est augmentée par 220,000 bouches auxquelles il faut 770,000 hectolitres, produit de 51,300 hectares, et représentés par 115,500,000 livres de pain. Il serait donc bien à désirer que, par de nouveaux défrichemens ou par une culture mieux entendue, l'agriculture obtînt du sol ces 770,000 hect. dont la France a besoin en plus chaque année.

Vignes. Toutes les terres de la France ne sont pas occupées par des céréales, les vignes y jouent encore un des principaux rôles. Avant 1789, cette culture était beaucoup moindre; depuis, elle a considérablement augmenté, et tellement que, si d'un côté le fisc pèse trop fortement sur ses produits, peut-être aussi, d'un autre côté, cette culture s'est-elle trop agrandie.

Notre sol a 1,736,056 hectares occupés par des vignes, au travail desquelles 4,000,000 d'habitans sont employés pour récolter en vin 76,000,000 hectolitres, estimés 540,389,298 fr. l'un dans l'autre, depuis 7 fr. jusqu'à 60 fr. l'hectolitre, pour les vins ordinaires, et 200 fr. pour les vins fins. Sur cette quantité nous observerons qu'un sixième, 11,229,880 hectolitres, est converti en eaux-de-vie; ce qui en présente 751,945 hectol.; plus 70,015 hectolitres, extraits des marcs de raisin; d'où il résulte un total de 821,950 hectolitres qui offrent une valeur de 165,392,000 fr. Outre ces boissons il se fabrique aussi 8,868,738 hectolitres de cidre représentant une valeur de 67,178,956 fr.; plus 2,300,689 hect. de bière d'une valeur de 1,335,237 fr.

Laines. Les produits précédens, si utiles à l'existence de l'homme, ne nous feront pas oublier ceux qui servent à ses vêtemens. Malheureusement les perfectionnemens apportés dans cette partie de l'agriculture ne sont exécutés que par un très-petit nombre de grands propriétaires, et nullement par ceux pour lesquels ils devraient être le plus profitables. Cependant quelques-uns de nos paysans commencent à comprendre que la laine des *mérinos* qui se vend 4 fr., ne coûtant pas plus cher que celle qui se vend de 1 à 2 fr. le kilogramme, doit être plus avantageuse à obtenir. Quant aux laines des chèvres du Thibet, importées par M. Ternaux, elles sont la preuve la plus forte des progrès de notre industrie actuelle.

La récolte, en France, des laines non lavées, semble devoir être portée, d'après M. Ternaux, en 1828, comme suit :

20,195,000 kilog. de laine fine, ou 5,504,000 toisons de 3 kilog. 669 gr. chaque, à 7 fr. 058, font une valeur de 38,850,000 fr.

43,500,000 kilog. de laine commune, ou 24,000,000 toisons de 1 kilog. 800 gr. chaque, à 3 fr. 25, font une valeur de 75,000,000 f.; la totalité de ces deux qualités offre une valeur de 113,850,000 f., pouvant, par le perfectionnement, être portée à 208,248,000 f. par année.

Soie. Qui se serait douté, sous Louis XI, en plantant les premiers mûriers aux environs de Tours, que cette province leur devrait sa richesse, et qu'un jour son ingratitude serait assez grande pour dédaigner entièrement cet arbre. Heureusement que, par les soins de Henri IV, sa culture a été adoptée dans tout le midi de la France.

La récolte des cocons peut monter, par année, à 5,147,609 kil. à 3 f.=15,442,827 f.; et si l'on ajoute à cette somme le prix de la filature et de l'organsinage de la soie, cette valeur peut s'élever à 23,560,000 fr.

Il nous est importe pour plus de 68,764,826 f. de soie grège, dont 34,457,140 f. sont réexportés, et le reste, montant à 670,691 kil. d'une valeur de 32,307,685 fr., forme, avec nos cocons indigènes, par la fabrication des tissus, une valeur de plus de 237,000,000 f., dont 120,000,000 sont destinés à notre consommation, et 117,000,000 à peu près sont exportés. Mais nous avons les fabricans anglais et écossais qui semblent vouloir devenir des rivaux redoutables et qui le sont déjà dans l'achat des matières premières. Il faut donc, malgré la triste situation où ils se trouvent aujourd'hui, chercher et encou-

ce dont ils ont besoin, qu'il ne leur en coûterait pour le faire venir de l'étranger. Les 33 p. o/o qui pèsent sur les laines étrangères sont du nombre de ces priviléges nuisibles, de sorte que, ne pouvant baisser les prix de notre draperie à l'étranger, son exportation diminue chaque jour; tellement qu'autrefois nos importations de laines brutes étaient de 10 millions de kilog. représentant une valeur de 20 à 25 millions de fr., et l'exportation de nos tissus de laine s'élevait de 44 à 50 millions de fr. : en 1827, au contraire, nos importations de laines brutes n'ont été que de 4 millions de kilog. représentant une valeur de 11 à 12 millions de fr., et l'exportation de nos tissus de laine a été réduite à 25 ou 30 millions de fr. Cependant on peut juger combien on pourrait exporter de ces produits de nos fabriques avec plus de liberté dans l'importation des matières premières, puisque les Anglais vendent des leurs au dehors pour plus de 100,000,000 de fr., tandis que nous ne dépassons pas 25 à 30 millions. Pourtant nous fabriquons, avec nos 113,850,000 fr. de laines indigènes et celles que nous importons, pour une valeur de plus de 200,000,000 fr., de sorte que nous sommes forcés d'en consommer, dans l'intérieur, pour la somme énorme de plus de 176,000,000 fr.

Le filage de la laine, qui offrait de grandes difficultés et dont les premières machines étaient mues à bras d'hommes, doit ses progrès au respectable comte Chaptal, à M. Ternaux, et à une foule d'artistes distingués dont MM. Prosper Bellanger, à Darnetal, et Dobo, à Bon-Secours dans le faubourg Saint-Antoine, sont les plus remarquables, comme ayant, les premiers, obtenu les fils que l'industrie réclamait. Disons aussi que les prix de la Société d'encouragement ont en partie activé cet avancement, ainsi que celui des métiers à tisser et à tondre, dont les plus remarquables sont ceux de MM. Poupart de Neuflize, et John Collier. Nos fabriques de draps n'ont pas non plus oublié d'appliquer à leurs travaux la force immense de la presse hydraulique. Mais si nous faisons de beaux produits, sous ce rapport, au-dessus de toute concurrence, prenons les moyens de baisser nos prix afin de vendre à l'étranger au moins autant que les Anglais. Alors nos produits, étant supérieurs, seront partout préférés.

MM. Ternaux, Lagorce, Rey, Deneirousse et Gaussen nous ont encore offert des tissus de laine autres que de la draperie, dont la beauté est admirable; je veux parler des châles cachemires, genre d'industrie nouveau, qui, pour séduire le beau sexe, a pris à tâche de lui présenter, sortant de nos ateliers, des cachemires qui égalent par leur finesse et leur moelleux tout ce que l'Inde a de supérieur. Tel est aujourd'hui le développement de cette fabrication, seulement à Paris, qu'elle emploie pour 5,800,000 fr. de matières brutes qu'elle métamorphose en objets d'une valeur de 14,800,000 fr. dont le tiers est vendu à l'étranger et suffit pour payer les frais de travail, comme nous le voyons dans l'important ouvrage de la *Statistique de Paris*, publié par M. le comte de Chabrol, dont la sollicitude paternelle cherche sans cesse l'amélioration du département confié à ses soins bienveillans.

Toiles. L'article des toiles est trop diminué et notre cadre est trop restreint pour que nous puissions nous en occuper aujourd'hui; il faudrait toucher des questions importantes d'économie politique vivement combattues par les fabricans et fortement défendues par les économistes. Ce qu'il y a de certain, c'est que les toiles de coton ont fait tomber de plus de moitié les toiles de chanvre et de lin. En cela la classe ouvrière n'a rien perdu, elle a simplement changé de matière première dans son travail. En réalité, le travail de nos toiles de chanvre et de lin est encore fort en arrière; il est toujours entre les mains d'ouvriers isolés qui ne fabriquent ni assez bien ni assez vite pour rivaliser avec la Hollande. Cependant il paraît que la mécanique va rendre enfin la liberté à un commerce dont, aux dépens du consommateur, les fabricans s'étaient réservé le monopole. C'est encore à l'infatigable producteur M. Ternaux que le consommateur devra ce bienfait, et les échantillons de ces toiles fabriquées à la mécanique donnent pour l'avenir les plus belles espérances.

Du reste aujourd'hui, quoique nous soyons privés des débouchés que nous trouvions en Espagne, les chanvres de nos récoltes s'élèvent à 30,941,840 fr., plus 42,600,000 fr. importés et 7,955,429 de fil importé aussi pour être consommé; le tout représente, étant manufacturé, une somme de 240,627,948 fr.

Quant à nos lins, dont la récolte peut valoir 19 millions, il faut y ajouter une importation d'un million à peu près, ils sont métamorphosés en objets d'une valeur de 75,000,000 fr., soit en toile, batiste, linons, dentelles ou bonneterie. Ces produits manufacturés, de lin 75,000,000 fr. et de chanvre 240,627,948 fr., représentent une valeur de 315,627,948 francs, dont 52,777,279 seulement sont exportés et le reste est consommé dans les ménages; savoir · 100,000,000 fr. en toiles de lin, et 162,850,669 en toiles de chanvre.

Cotonnerie. En 1818 il y avait en France plus de 220 filatures de coton, nombre beaucoup augmenté aujourd'hui, ainsi que celui des métiers à tisser.

A cette époque, le nombre de ces métiers s'élevait à 80,500 réunissant 922,711 broches, jetant dans le commerce une matière première de 78,000,000 f. métamorphosés en objets d'une valeur de 191,600,000 fr., exécutés à Tarare, à Mulhouse, à Rouen, à Alençon et dans d'autres endroits, au moyen des procédés les plus prompts.

La valeur de ces tissus fabriqués s'est élevée, en 1828, d'après M. Finger, à 320 millions obtenus avec 48 millions seulement de matières brutes. Cependant nous ne pouvons exporter pour plus de 40 à 44 millions, dont 22 millions pour nos colonies et 22 millions à l'étranger, de sorte que nous avons consommé à l'intérieur pour 298 millions de cotonnerie, ce qui fait pour 9 à 10 fr. par individu composant les 32 millions d'habitans de la France. Quoique cette consommation puisse encore augmenter, il est à remarquer que les exportations des Anglais montent à plus de 800,000,000 fr.

Cette position fâcheuse dans nos fabriques tient simplement, nous osons l'affirmer, à des causes momentanées, qu'une sage politique fera facilement disparaître.

Passementerie. Cette industrie, dans laquelle on peut ranger les fleurs artificielles et les objets de mode, met en circulation dans le commerce pour plus de 7,000,000 f. de produits qui s'élèvent à 12,000 000 si l'on y ajoute l'importation d'une valeur consommée de 4,450,373 f. de chapeaux de paille d'Italie, genre d'industrie que j'ai importé un des premiers et que j'ai fini par nationaliser par ma persévérance et mes sacrifices, comme l'a prouvé l'exposition de 1823, où mes produits pouvaient avantageusement être confrontés avec ceux d'Italie. J'ajouterai aussi que cet honneur a été partagé par les soins que MM. Bouillon, d'Alençon, et Dupré, de Lyon, ont apportés et donnent encore à cette fabrication. Mais les sociétés d'agriculture seules peuvent nous faciliter, dans ce genre d'industrie, une victoire complète, en offrant des prix aux cultivateurs du midi qui récolteront les pailles les plus belles.

Maintenant nous allons passer à deux ou trois articles qui doivent autant à la chimie qu'à la mécanique, d'une part la papeterie et l'imprimerie, et de l'autre les forges.

Papeterie. Dans le siècle dernier nous étions tributaires de l'Angleterre et de la Hollande pour les *papiers à lavis;* aujourd'hui, grâce aux améliorations de MM. Montgolfier et Didot, les papeteries françaises et surtout celles d'Annonay sont les premières d'Europe; elles doivent cette prospérité à la chimie, qui leur a appris à blanchir leur pâte, et à la mécanique, dont les machines ingénieuses fabriquent avec une promptitude étonnante des papiers d'une longueur indéfinie.

Cette fabrication emploie pour 5 à 6 millions de chiffons dont elle fait monter la valeur à 21,000,000 fr.

Imprimerie. Quant à la typographie, on sait que ses progrès, ainsi que ceux de la stéréotypie, du clichage et de la lithographie, se font remarquer de la manière la plus brillante en France. Les recherches de M. le comte Daru et de M. le baron Charles Dupin font assez voir que la lecture, chez nous, est un besoin qui augmente graduellement chaque année.

D'après les tableaux publiés en 1827, par M. le comte Daru, il y avait en 1825, en France, 665 imprimeries, dont 82 à Paris; elles employaient 1550 presses dont 850 étaient occupées par Paris et 80 pour l'imprimerie royale.

De là, en 1826, il sortit 13,500,000 volumes fabriqués, dont 400,000 chez M. Firmin Didot. Ils ont coûté :

Papier,	5,022,000 fr.
Encre d'imprimerie,	120,000
Brochage,	912,500
Manuscrits,	500,000

jetant dans le commerce une valeur de 33,750,000 fr., passant entre les mains des imprimeurs, de 1586 libraires et de 60,000 individus employés dans les papeteries, les imprimeries ou la librairie.

Quant aux journaux, tel en est le besoin, qu'il a été imprimé, en l'année 1821, plus de 21 millions d'exemplaires de feuilles quotidiennes ou autres.

Substances métalliques. Sans parler du plomb, du cuivre et des autres métaux dont les travaux ont fait d'autant plus de progrès que leurs mines peu nombreuses nous sont plus précieuses, nous dirons seulement un mot de la *sidérotechnie* ou science de convertir les minerais en fonte, fer et acier.

L'activité de ce genre d'industrie a pris une direction qui nous fait espérer que nous ne serons bientôt plus tributaires de l'étranger et que la concurrence pourra s'ouvrir enfin comme le demandent, depuis long-temps, les besoins des consommateurs.

La France, en 1789, comptait seulement 202 hauts fourneaux, 792 feux d'affinerie et 76 forges catalanes, jetant dans le commerce 61,549,500 kilog. de fonte en gueuse, 7,579,200 kilog. de fonte moulée, et 46,805,900 kilog. de fer marchand.

En 1818, il y avait 230 hauts fourneaux, 861 feux d'affinerie et 86 forges catalanes, donnant 99,839,039 kilog. de fonte en gueuse, 11,587,800 de fonte moulée, et 69,391,700 kilog. de fer.

Mais en 1826, la France offrait 424 hauts fourneaux, 149 fours d'affinage à la houille, 1,057 feux d'affinerie à bois, et 106 foyers catalans, produisant 173,926,900 kilog. de fonte, 146,508,000 kil. de fer.

Malgré ces progrès, nous sommes encore loin de fabriquer, comme les Anglais, 1,200 millions de fonte par an : nous leur devons, dans cette partie d'industrie, et nos progrès et notre industrie; ils nous ont apporté leurs souffleries à piston qui marchent des années entières sans se déranger et qui fabriquent 6 mille quintaux métriques de fonte par jour. C'est encore aux Anglais que nous devons nos cylindres et laminoirs qui fabriquent, avec une activité incalculable, des quantités immenses de fer.

En résumé, les métaux mis en œuvre représentent, dans le commerce, les valeurs approximatives suivantes

Fonte et fer,	207,390,377 fr.
Cuivre,	16,171,260
Plomb,	3,622,853
Etain,	966,960
Mercure,	650,466
Orfévrerie et autres métaux,	38,000,000
	266,801,916

Quant à l'*horlogerie*, elle est portée chez nous à un trop haut point pour ne pas la faire remarquer.

Elle offre au commerce français, en pendules ou montres ordinaires, pour plus de 17,500,000 fr. et l'horlogerie fine s'élève, à Paris, à 19,000,000 dans lesquels on comprend 5,000,000 de réparations.

Tout le monde connaît trop bien les noms des Lepaute, des Bréguet, des Berthout, des Lépine et des Laresche pour que nous osions en entretenir nos lecteurs.

Nous ne nous étendrons pas davantage sur les corps métalliques, afin de passer aux substances qui ne doivent leur existence qu'à la chimie. Nous ne sommes plus au temps où l'alchimie rêveuse n'enfantait que des produits du hasard. Aujourd'hui, tout est calcul dans l'application de cette science aux arts : les Chaptal, les d'Arcet, les Robiquet, les Roard et les Payen en ont fait chez nous, pour ainsi dire, la clef indispensable de tous les arts et métiers.

ARTS CHIMIQUES. — *Sels et acides.* Le *sel commun* est sans contredit le premier et le plus anciennement connu de tous les produits chimiques auxquels aujourd'hui nous avons donné le nom générique de *sels*.

La France en consomme près de 2 millions de quintaux métriques, représentant une valeur de 28 millions, et 400 mille quintaux environ sont spécialement employés à l'utile fabrication de 2 à 3 millions de *soude*, ce qui nous met hors de la dépendance de l'étranger dont nous étions tributaires. Il en était de même de l'*alun*, dont nous fabriquons maintenant pour une valeur de plus de 6 millions. — La *couperose* monte à 2 ou 3 millions, mais nous n'obtenons encore que pour 3 millions de *salpêtre*, presque tout employé par les poudreries, et l'excédant de nos besoins nous est fourni par l'étranger. — C'est avec ce dernier que nous fabriquons les 2 millions d'*acide nitrique* que nous employons.

Parmi les substances chimiques, nous remarquerons encore l'*acide sulfurique*, dont la valeur n'est pas moins de 6 millions, tandis que la *crème de tartre*, le *vert-de-gris*, le *sel de plomb*, la *litharge*, le *minium*, les *sels d'étain*, l'*ammoniaque* et les autres sels ou acides ne forment guère ensemble qu'une valeur de 6 à 8 millions.

Les *savons* sont restés dans le même état depuis fort long-temps, et la quantité des savons solides ou mous n'excède pas 33 millions. Mais c'est surtout dans le *feutrage* des chapeaux, dont la valeur est de 24,375,000 f., que la chimie a apporté les plus grandes améliorations.

Il ne faut pas croire que cette influence de la science ait pu se faire jour dans tous les ateliers : ce serait une erreur que les *tanneries* se chargeraient de relever.

Cependant nos *cuirs tannés* offrent une valeur de 71,696,300 fr., somme qui se trouve doublée par la mise en œuvre. Quant à la *chamoiserie* et à la *maroquinerie*, elles ont fait plus de progrès ; elles ne le cèdent nullement à celles des Etats barbaresques, et elles jettent dans le commerce pour 12,000,000 de produits.

Dans les *teintures* la science a porté le plus vif flambeau.

Quoique leur valeur, mise en place, n'excède guère 44,117,950 fr. et celle des vernis 5,000,000, elles sont, pour nous, de la plus grande importance, et M. Raymond fils, de Lyon, vient encore dernièrement de trouver les moyens d'appliquer à la laine le bleu de Prusse, comme M. Raymond père l'avait fait auparavant pour la soie.

Nous ne fatiguerons pas nos lecteurs de détails sur la *parfumerie*, dont le commerce est au moins de 13,000,000, ni de l'*amidonnerie*, qui monte à la moitié; il en sera de même de l'*ébénisterie*, des *meubles de luxe* et des *instrumens de musique*, dont la fabrication monte à plus de 43,000,000; nous nous tairons aussi sur les *boissons* diverses et les *distilleries*, dont nous avons déjà dit un mot, et qui, d'après M. Moreau de Jonnès, jettent ensemble, dans le commerce, des valeurs pour plus de 820,000,000 fr., dont 750,000,000 sont consommés en France et 70,000,000 sont exportés.

Mais qu'il nous soit permis de dire un mot sur les *sucres*, principale richesse de nos colonies en 1789.

La valeur de la quantité des sucres raffinés pour la consommation était alors de 43,368,000 fr., et aujourd'hui cette quantité de la consommation est à peu près la même ; mais des droits énormes, qui frappent les sucres bruts étrangers, ont élevé cette quantité à une valeur bien plus grande, et il a été en outre fourni à cette consommation, par les fabriques de France, un onzième en plus, c'est-à dire 5,000,000 de kilog en sucre indigène de betteraves, malgré les plaisanteries qu'on lui a continuellement prodiguées, ce qui, en 1828, a élevé la consommation en sucre brut

De nos îles, à	72,000,000 kil.
Etranger,	3,000,000
Indigène,	5,000,000
Total consommé, en 1828, par nos raffineries,	80,000,000 kil.

Le peu d'étendue de cet ouvrage ne nous permet pas de nous arrêter plus long-temps à faire voir les progrès de nos diverses branches d'industrie : seulement nous ajouterons que nos *cristaux* surpassent ceux des Anglais par leur blancheur, leur bon goût, et par la taille ; que les *poteries* de MM. de Saint-Cricq et de Saint-Amant rivalisent avantageusement avec celles de ces voisins ; et que l'*éclairage au gaz* qu'ils ont appliqué en grand les premiers, ne jette pas une lumière plus sombre à Paris qu'à Londres. Cependant, à la vérité, l'Angleterre possède une source de richesses que nous n'avons pas, ses mines inépuisables de charbon de terre, trop riches pour que, malgré nos houillères de Saint-Etienne, du Nivernais et de divers autres endroits, nous puissions vouloir rivaliser avec elles. Mais, en revanche, si la capitale de ce royaume se vante, à juste titre, d'avoir été notre maîtresse en diverses branches d'industrie, elle nous en doit aussi quelques-unes, et elle compte pour notre gloire, parmi ses ingénieurs les plus habiles, notre célèbre compatriote Brunel.

Pour achever ce tableau de l'état commercial de la France, nous allons le faire suivre du *tableau comparatif de l'importation et de l'exportation* des divers produits de cette puissance, en 1789 et en 1827, et de celui de son commerce avec les diverses puissances. Notre format ne nous ayant pas permis de nous déployer sur une échelle de grande dimension, on trouvera les diverses substances rangées par ordre alphabétique, mais les chiffres ne seront pas liés par des additions. Nous en présenterons seulement le résultat positif dont nous pouvons certifier l'exactitude, car citer les États du gouvernement, M. le comte Chaptal et les travaux statistiques de M. César Moreau, c'est offrir, à ce sujet, toutes les garanties possibles.

TABLEAU COMPARATIF

DES

IMPORTATIONS ET EXPORTATIONS

DE LA FRANCE.

	Imp. —1827—	Exp.	Imp. —1789—	Exp.
ACIER.	1,339,830 f.	487,170 f.	1,422,000 f.	175,000
(En 1827 importé 944,385 kilog. naturel, en barres, tôle ou fil et fondu.)				
AMMONIAC.	3,347	12,353	»	»
ANTIMOINE.	33,462	63,282	»	»
(sulfuré ou métallique).				
ARMES	1,754,637	3,266,748	»	732,966
(de traite, de guerre ou de chasse).				
ARSENIC.	15,308	988	»	»
BEURRE	1,749,735	1,994,121	1,234,000	821,000
(frais, fondu ou salé, importé 1,257,196 kilog.).				
BESTIAUX.	8,426,634	10,065,742	11,414,200	4,185,000
(Mules et mulets, ânes et ânesses, boucs, chèvres et chevreaux, abeilles en ruches, chiens de chasse, moutons mérinos, métis et communs, brebis, béliers et agneaux, bœufs, vaches, taureaux, genisses, veaux, porcs, cochons, gibier et tortues.) Il est à remarquer que l'exportation des mules et mulets en 1827 s'est élevée à 16,125 têtes d'une valeur de 4,837,500,				

	Imp.—1827—Exp.		Imp.—1789—Exp.	

et en 1789, l'importation des bêtes de somme en général s'était elevee a 2,805,666, et l'exportation a 1,341,733.

BIJOUTERIE, orfèvrerie et plaqué.	691,683 f.	2,882,220 f.	»	1,498,466

(D'or, d'argent ou de vermeil, avec pierres, perles fines ou autres)

BIMBLOTTERIE diverse.	180,774	355,952	»	»
BISMUTH.	3,498	»	»	»
BLANC de baleine.	207,354	4,013	»	»

(Pressé ou raffiné, 75,895 kilog. importé en 1827.)

BOIS à brûler.	1,128,126	33,800	[illegible]	[illegible]

(En bûches ou fagots.)

BOIS ou charbon.	955,196	739	87,000	»
— de construction.	129,353,424	7,044,626	8,914,000	1,332,000

(Brut ou simplement équarri à la hache, scié, en mâts et diverses pièces.)

— communs.	4,401,258	438,423	»	»

(En perches, échalas, éclisses, feuillard, merrains, osiers en bottes, bruyères et racines à vergettes.)

— ouvrés.	585,081	319,364	»	»

(Futailles vides, balais communs, boîtes, avirons, moules de boutons, boissellerie et autres.

— d'ébénisterie.	1,407,137	220,549	»	»

(Acajou brut ou scié, buis, cèdre, gayac et autres 4,328,981 kilog. L'importation de cet article en 1828 a augmenté sur celle de 1827, de 6389 billes seulement. Il est bon d'observer que ces billes, presque toutes extraites de Santo-Domingo, sont généralement plus petites.)

— de teinture.	2,405,874	806,099	»	425,000

(En bûches, morceaux ou moulus de Fernambouc et autres,

	Imp.—1827—	Exp.	Imp.—1789—	Exp.

10,682,921 kilog. importés en 1827.) De grandes provisions de ces bois existaient en magasin en 1828, de sorte que l'importation en a failli cette année, et ces provisions n'ont été consommées qu'au commencement de 1829

	Imp.—1827—	Exp.	Imp.—1789—	Exp.
BOIS ODORANS	19,405 f.	4,868 f.	»	»
(De sassafras et autres.)				
BOYAUX	8,664	23,620	»	»
(frais et salés).				
BRAI. (Voy. Sucs végétaux.)				
CACAO.	22,231,065	2,484,452	2,184,833	1,985 000

En 1827, importé 2,518,817 kil, dont 753,619 ont été consommés, il est en outre entré en chocolat ou cacao simplement broyé 3,060 kil.; il en a été exporté 1,911,117 kil. dont la valeur offre un excédant majeur sur celle de l'importation. Ordinairement l'importation de cette denrée était assez considérable parce que tout celui qu'on chargeait aux Indes pour l'Espagne débarquait à Bordeaux, mais en 1828 on l'a expédié directement pour ce royaume, de sorte qu'au 1er janvier 1829, il n'en restait dans nos ports que 1,250.000 kil.

CAFÉ.	22,488,215	9,499,907	31,274,000	28,157,800

En 1827, il en a été importé 22,620,904 kilog. sur lesquels 10,027597 kilog seulement ont été consommés : il en a été réexporté 7,916,689 kilog., de sorte qu'au 31 décembre même année il restait dans nos ports en ancien 4,676,718 kil. et en nouveau 4,323,181 kilogrammes. Mais en 1828 l'importation de cette denrée de nos colonies des Antilles et de Bourbon a augmenté de 500,000 kil. pour l'une et l'autre de ces contrées, tandis que les sortes étrangères ont diminué de 3,000,000 de kil.

CARBONATE DE PLOMB ou céruses.	797,721	26,219	1,800,000	»

(Pur ou mélangé et très pur, importé 1,078,286, kilog.)

CARTES	127,798	2,205,602	»	»
(géographiques, à jouer et musique gravées, gravures et lithographies).				
CARTONS	27,172	295,766	»	»

	Imp.—1827—Exp.		Imp.—1789—Exp.	
(lustré, à carter les draps, en feuilles, moulé).				
CÉRUSE. (Voy Carbonate de plomb.)				
CHAMPIGNONS	1,224 f.	1,680 f.	»	»
(morilles et mousserons).				
CHANVRE	42,842,288	179,749	8,902,000	94,600
(en tiges brutes, vertes, sèches ou rouies, tillées en étoupes ou peignées, 6,484,690 kilog., importés en 1827).				
CHAPELLERIE	1,859	2,600,434	79,800	2,763,366
(en poils et feutres).				
CHAPEAUX de paille.	7,974,882	2,092,304	800,000	»
(En 1827, on a importé 395,296 chapeaux en nattes fines, estimés 5,929,440 fr., et en nattes grossières 681,819, estimés 2,045,442 fr.; il en a été consommé 656,939, dont 214,963 fins et 441,976 grossiers, ce qui porte à la somme énorme de 4,550,373 fr., le tribut annuel que nous payons aux campagnes de Florence.)				
CHARBON.	9,054,097	92,792	6,987,033	»
(Voy. Bois en charbon et houille.)				
CHEVAUX	4,934,580	1,766,180	3,573,000	»
(entiers, hongres, jumens et poulains de trait ou de cavalerie).				
CIRE brute	1,140,610	476,818	14,874,600	930,600
(brune, jaune, ou blanche).				
— ouvrée	»	300,054	»	325,400
(en bougie).				
COBALT	269,227	4,853	»	»
(minerai grillé et vitrifié ou azur).				
COCHENILLE	3,581,370	2,702,580	2,460,000	1,531,200
COLLES	657,887	30,762	494,966	»
(de poissons 12,962 kilog. et forte 234,498, imp. en 1827).				
COMESTIBLES.	55,756,433	38,934,333	60,871,033	55,797,866
COQUILLAGE	95,383	13,531	»	»
(huîtres, homards, moules, etc.).				

	Imp.—1827—Exp.		Imp.—1789 - Exp.	
CORAIL (brut).	103,477 f.	132,407 f.	1,000,000 f.	»
CORAIL taillé (mais non monté).	287,280	667,000	»	»
CORDAGES	527,941	879,271	»	1,244,466

(de chanvre et d'autres végétaux) En 1827, importé 1,746,944 kilog.

COTON	62,883,869	9,252,517	56,491,000	12,078,000

(longues soies, courtes soies ou autres, importé en 1827 36,485,080 kilog.).

Ce total pesant, de l'importation en 1827, était représenté par 287,200 balles de coton en laines de toutes sortes; mais en 1828 les arrivages n'ont monté qu'à 214,000 balles, ce qui représente une diminution de 73,000 balles. Cette diminution a été comme suit.

13,397 balles de moins des États Unis.
4,883 *id.* du Brésil.
49,656 *id.* de l'Égypte.
5,066 *id.* de diverses sortes.

Quant à la consommation, faite en France par nos filatures, elle a dû être à peu près,

en 1827, de 240,000 balles ou 36 millions de kilog ;
en 1828, de 230,000 balles ou 34 millions de kilog.

Cette année 1828 a présenté une diminution de coton en laine, d'un million, mais la diminution de l'exportation, à l'étranger, des tissus de coton de nos fabriques, a été bien plus sensible, puisque cette exportation a été réduite de plus des trois quarts.

COULEURS	312,687	1,159,264	»	»

(noir à souliers, de fumée, animal, d'imprimeur, minéral ou terre de Cologne, — cramoisi; — cendres bleues et vertes, — encre à dessiner, en tablettes, liquide, à écrire ou à imprimer : — vernis, vert de montagne, stil de grain et autres couleurs préparées).

CRAYONS	203,900	69,329	»	»

(simples en pierre, — composés, communs ou fins).

	Imp.—1827—Exp.		Imp.—1789—Exp.	
CRINS (bruts ou frisés).	195,709 f.	33,671 f.	»	»
CUIVRE	9,077,191	1,044,331	4,650,000	2,630,000

(pur : coulé en masse, battu ou laminé ; — allie de zinc ou laiton, coulé en masses, en plaques ou barres, battu, laminé ou filé pour cordes ou broderies ; — allié d'étain ; — doré, battu, coulé ou laminé, argenté, etc. ; — limaille ou vieux cuivre brisé. Importé 4,308,621 kilog. en 1827).

DIAMANS (bruts ou taillés, 26,627 gram.)	6,010,70	0,220,000	»	»
DENRÉES COLONIALES ET DROGUERIES. (toutes réunies).	»	»	184,500,030	142,832,433
— COLONIALES.	11,537,902	9,000,907	7,482,000	24,005,330

(Comprenant spécialement, melasses, confitures, sirops, bonbons, cannelle fine et commune, cassia, lignea gingembre, girofle en clous et griffes, muscades rondes ou longues, macis, poivre et piment ; en 1827 il a été importé 2,915,930 kilog. de poivre d'une valeur de 4,082,302 fr. et il en a eté consommé 1,882 728 kilog., valant 2,635,819 fr. vanille, amome.)

Ces denrées étant fort importantes, constatons aujourd'hui l'état de quelques principaux articles au commencement de cette année. Quant au sucre, cacao, café, indigo et drogueries diverses, bois exotiques, ils ont été traités à part et on trouvera les renseignemens désirables à leurs articles spéciaux.

Il n'est arrivé que fort peu de *cannelle* sur nos ports en 1828 ; cependant cette faible quantité suffit aux demandes.

L'importation de la *cochenille* augmente tous les ans ; elle avait été de 1706 surons en 1827, et elle est montée à 2,167 en 1828 : pourtant la consommation est faible, car l'année 1829 s'est ouverte avec 1800 surons de provisions dans nos ports.

Le *rocou* diminue chaque jour d'importance ; et son cours était, à la fin de 1828, de 50 p. 0/0 plus bas encore qu'en 1827.

Telle est la faible consommation du *girofle*, en France, que son prix ne s'y élève pas sensiblement depuis quelques années,

Imp.—1827—Exp. Imp.—1789—Exp.

quoique son importation diminue tous les jours, au point qu'elle a été de 14,560 colis en moins en 1828 qu'en 1827. Cependant au commencement de 1829 il n'en restait que 2,100 balles diverses sur nos ports.

En 1827, il n'était arrivé que 1,500,000 kilog. de *gomme du Sénégal*, mais en 1828 cette importation s'est élevée à 2 millions de kilog.; pourtant la consommation française est très-faible; presque tout est réexporté à l'étranger, et il en restait environ 750,000 kilog. dans nos ports au 1er janvier 1829.

Le *poivre* est une épice dont l'importation augmente tous les ans et dont le prix, par contre, baisse toujours depuis quelques années. Cette importation est une fort mauvaise spéculation; pourtant, en 1828, elle a augmenté de 1 million de kil. et nous avions, au 1er janvier 1829, 5 millions de kilog., dont 2 millions de Sumatra à Marseille seulement.

	Imp. 1827	Exp. 1827	Imp. 1789	Exp. 1789
DENTELLES. (Voy. Tissus de fil.)	1,257,710 f.	9,209,569 f.	1,131,200 f.	3,609,506
DROGUES MÉDICINALES ou autres. (Voy. Substances médicinales et denrées coloniales.)				
EAUX-DE-VIE (de vin, de cerises, de mélasse, de grains ou de pommes de terre).	896,699	22,915,873	5,887,000	22,918,000
EAUX MINÉRALES (diverses).	25,895	1,663	»	»
EMBARCATIONS (à dépecer, ancres, voiles et autres agrès).	391,131	1,172,017	»	»
ENGRAIS (fumier, colombine, poudrette).	267,541	1,7,455	»	»
ÉPICES (préparées, moutardes et autres).	2,738	68,846	»	»
ÉTAIN (brut).	2,494,357	147,433	969,000	»
FANONS (de baleine, bruts).	634,571	11,004	»	»
FANONS	11,040	52,780	»	»

	Imp.—1827—Exp.		Imp.—1789—Exp.	
(de baleine, apprêtés).				
FARINES	65,658 f.	2,289,580 f.	3,401,400 f	6,482,400 f.

(de blé, de seigle et d'autres céréales ; en 1827 importé 374,952 kilog. et exporté 12,594,964 kilog.).

FARINEUX	462,055	1,643,839	»	»

(divers, pain et biscuit de mer, pommes-de terre, légumes secs, marrons et châtaignes, gruaux et fécules diverses, grains perlés ou mondés, alpistes et millet, pâtes d'Italie et autres granulées, sagou, salep, pain d'épice et pâtisserie).

FER	3,629,464	1,130,184	6,266,000	3,000,000

(en barres 11,307,760 kilog.).

FER	662,350	664,584	871,000	»

(platiné et laminé en tôles ou fer-blanc, et de tréfilerie).

FER	20,961	35,663	»	»

(en paille, limaille, mâchefer ou ferraille).

FILS	8,699,545	1,032,069	2,705,000	830,000

(simples ou retors, de chanvre ou de lin, écrus, bis ou perlés, d'etoupes, à voile, de mulquinerie ou autres, — blanchis, — teints. (1522 kilog. de fils à dentelle sont compris dans l'importation de 1827 pour 304,400 fr.)

FILS	269,400	11,380	»	»

(de poils de chèvre).

FILS	»	441,336	»	»

(de laine blanche et teinte).

FILS (de coton).	»	651,294	»	»
FONTE.	1,332,190	667,263	2,515,660	»

(En 1827, il y en a eu d'importé 8,677,522 kilog., — brute, épurée ou moulée. Il est à remarquer que celle-ci, la fonte moulée, monta, en 1827, à 92,661 kilog., d'une valeur de 32,431 fr.)

FOURRAGES	306,527	21,424	»	»
FROMAGES	3,395,508	640,844	4,687,000	1,061,366

(divers, importé 4,850,726 kilog. en 1827).

FRUITS	20,580,302	6,162,653	»	2,926733

(frais : citrons, oranges, cédrats, cocos, caroube, carouge et

	Imp.—1817—Exp.		Imp.—1789—Exp.	
autres exotiques ou indigènes ; — secs ou tapés : pistaches en coques ou cassées et autres ; — confits : cornichons, olives, picholines et capres ; — oléagineux amandes, noix, noisettes, arachis et autres).				
FRUITS	1,209,266 f	2,245,316 f.	2,650,400 f.	1,470,000 f.
(à distiller ; anis vert et baies de genièvre, — à ensemencer)				
FRUITS	3,575	2,401	»	»
(à ouvrer - coques de cocos et grains durs).				
GEMMES				
DIVERSES	2,877,528	904,515	»	»
(brutes ou taillées ; 7,569,340 gramm. importés en 1827).				
GOMMES				
DIVERSES.	1,742,277	768,204	2,524,300	1,154,100
GOUDRONS. (Voy. Sucs végétaux.)				
GRAINS.	2,928,489	1,092,188	24,109,933	9,868,632
(En 1827, on a importé 15,769,596 litres estimés 21,676,959 fr. et exporté 53,752,095 kil. de blé, seigle, maïs, avoine ou autres céréales, pour 7,092,188 fr.)				
GRAISSE	2,697,488	213,569	1,156,000	»
(de mouton en suif et saindoux ; — de cheval, d'ours, de poisson et autres. 4,634,966 kilog. importés en 1827).				
GRAPHITE.	33,755	486	»	»
HORLOGERIE	773,845	4,250,697	63,400	182,000
(ouvrages montés, en fourniture et horloges en bois).				
HOUBLON.	780,000	»	351,000	»
HOUILLE	8,098,901	92,053	5,912,000	»
(brute ou coke). Faut-il des droits ou n'en faut-il pas sur l'introduction de cette matière en France? C'est une question que les intérêts divers empêcheront de résoudre sainement.				
HUILE				
D'OLIVE.	3,972,647	3,088,374	4,988,166	2,400,000
(comestible, importé, 2,837,605 kilog. en 1827, et exporté 1,544,187 kilog.).				
— À BRÛLER.	26,718,466	4,333,000	17,327,200	465,833
INDIGO.	19,620,886	3,560,768	15,000,000	6,375,000

	Imp.—1827—Exp.		Imp.—1789—Exp.	

En 1827, importé 994,745 kilog., exporté 173,696 kilog. Le poids ci-contre, de l'importation en 1827, était représenté par 5,706 caisses; mais en 1828, les arrivages ont monté à 7,772 caisses, c'est-à-dire que l'augmentation, cette année-là, s'est trouvée de 2,066 caisses. Il en restait au commencement de 1829, sur nos ports, 3,000 caisses et 1500 surons, dont la plus grande partie à Bordeaux.

	Imp.—1827	Exp.	Imp.—1789	Exp.
JONCS ET ROSEAUX	830 547 f.	66,193 f.	»	»

(exotiques, bamboues et joncs à cannes et rotins d'Europe pour peignes à tisser et autres ouvrages).

LAINES	12,313,170	1,750,104	26,318,000	5,500,000

(en masse, dont 561 kilog. ou pour 2,805 fr. de teintes et 6,764 kilog. ou pour 6,764 fr. de déchets).

LÉGUMES	61,177	100,808	2,804,000	2,258,600

(verts, salés ou confits).

LEVURE DE BIÈRE	3,596	8,826	»	»
LIÉGE	284,214	237,253	»	»

(en planches 406,020 kilog. importé en 1827).

LIÉGE	2,470,998	1,773,263	185,000	»

(ouvré, en bouchons).

LIN	839,030	1,196,498	1,113,000	»

(en tiges brutes, sèches, vertes ou rouies, tillées en étoupes ou peignées. 1,292,338 kilog. importés en 1827).

LIQUEURS	10,447	737,475	V. Eaux-de-vie,	Id.

(diverses).

LIVRES	878,835	3,523,663	578,933	848,500

(en langues mortes ou étrangères, en langue française, d'ouvrages publiés à l'étranger).

MACHINES ET MÉCANIQUES	1,740,380	1,319,303	»	»

(en fonte, fer, tôle, fer-blanc, cuivre, pompes à vapeur et autres ouvrages divers).

MANGANÈSE.	94,708	14,607	»	»

MARBRES ET ALBATRES. (Voy. Pierres ou Terres.)

	Imp.—1827	—Exp.	Imp.—1789	—Exp.
MATIÈRES BRUTES DIVERSES.	3,921,007 f.	1,682,305 f.	»	»
(Nattes et sparterie, tissus d'écorces, houblon, plants d'arbres, agaric, amadouvier ou du melèse, bulbes et ognons, chardons cardières, plantes alcalines, drilles et charpies en feuilles, chicorée en racines verte ou sèche, tourteaux de graines oléagineuses et marcs divers).				
— DURES	1,783,445	119,095	1,000,000	»
(à tailler : dents d'éléphans, d'hippopotames et cornes de rhinocéros entières ou coupées, — écailles de tortues en carapaces, onglons ou rognures, — nacre de perle en coquilles brutes ; — os de bétail ; — cornes de bétail brutes).				
— PREMIÈRES	375,874,102	158,197,142	180,732,833	42,855,500
(utiles à l'industrie et produits naturels. Il est entré, en 1827, pour 276,380,167 fr. de matières premières purement utiles à l'industrie).				
MÉDICAMENS	71,668	1,339,180	»	»
(composés).				
MERCERIE	2,813,299	6,890,936	2,432,600	3,450,633
(commune, fine, aiguilles ou autres).				
MERCURE.	746,497	582,665	119,000	»
MÉTAUX (divers).	»	»	4,000,000	»
MEUBLES ET GLACES	245,025	1,033,986	91,000	1,420,600
(divers).				
MIEL.	1,739	306,091	»	928,600
(1,739 kilog. importés en 1827.)				
MINERAI DE FER	18,688	35,692	»	»
(chromaté).				
MODES	12,834	2,299,307	»	745,000
(diverses et fleurs artificielles).				
MOTTES A BRULER.	313	123	»	»
NERFS DE BOEUF.	32,770	»	»	»
NITRATE DE POTASSE	839,567	123,961	474,560	»

Imp.—1827—Exp. Imp.—1789—Exp.

(ou salpêtre brut ou raffiné, importé 19598,617 kilog.).

OBJETS divers 1,162,790 f. 9,056,048 f. » »

(de collection ou de commerce : instrumens d'optique, de physique, de calcul, de chimie et autres, et instrumens de musique).

— divers 38,247,892, 349,392,838 84,187,100 155,847,700

(Manufacturés ou industriels : linge, habillemens, amidon, cire blanche, bougie de blanc de baleine, chandelle de suif).

— fabriqués 488,552 1,194,257 » 334,100

(en terre ou pierre : agates ouvrées, chiques ou autres ; marbre sculpté, moulé ou poli, de diverses couleurs ; albâtre sculpté ou poli ; pierres ouvrées, chiques ou autres ; meules à moudre ou à aiguiser ; briques et tuiles plates, tuiles bombées, tuiles faîtières, carreaux de terre).

OR, ARGENT 10,415 2,227,741 » »

(battu, en feuilles, tiré, laminé ou filé).

— regrets d'orfèvre » 27,891 » »

(battu, tiré, laminé et battu).

OR et argent 68,869,018 31,471,931 167,169,733 2,773,900

(en numéraire, ayant pu être constaté).

OREILLONS. 286,715 1,873 » »

OEUFS 285,522 3,827,085 » »

(En 1827, il en a été exporté 4,783,856.)

PAPIER 812,541 3,960,634 » 1,994,633

(d'enveloppe, blanc, colorié en rames, peint en rouleaux, de soie).

PARAPLUIES 7,668 818,975 » »

(en carcasses).

PARFUMERIE. 43,076 5,401,097 » 721,800

(Eaux de senteur alcooliques ou sans alcool, savons liquides, en poudre, pains et boules, pommades).

PASSEMENTERIES. 1,284,803 3,898,560 » 32,600

PEAUX 640,151 9,409 » »

(brutes fraîches, grandes, petites d'agneau avec laine ou épilées, de chevreau et autres).

	Imp.—1827	—Exp.	Imp.—1789	—Exp
PEAUX	9,982,082 f.	2 864,417 f.	7,705,000 f.	1,160,030 f
(brutes sèches, grandes, petites d'agneau avec laine ou épilées, de chevreau et autres).				
PEAUX	196,702	5,615,434	3,000,000	3,190,600
(préparées d'agneau en mégie, en confit pour la ganterie, tannées, corroyées, maroquinées, vernissées et en parchemin achevé).				
—DE CHIEN DE MER	20,385	2,670	»	»
(brutes).				
—*DE PHOQUE*	163,660	»	»	»
(brutes).				

Jusqu'à la fin de 1828 la guerre entre le Brésil et Buénos Ayres a fait diminuer l'importation, en France, de cette denrée, pendant cette même année, de 33,000 pièces diverses.

	Imp.—1827	—Exp.	Imp.—1789	—Exp
—ET PELLETERIES	201,799	12,878,346	1,762,800	3,143,200
(ouvrées).				
PELLETERIES,	3,722,950	642,816	»	»
(Peaux brutes de lapin et de lièvres; — peaux apprêtées de lapin, de phoque, éjarrées et mégies et autres.)				
PERLES.	988,140	816,000	»	»
PIERRES	2,361,785	2,032,276	»	»
(ou terre · marbre jaune de Sienne, vert-de-mer et portor brute ou équarri; — blanc, veiné, bardille, bleu turquin et brocatelle *bruts et sciés ou autres divers*; — albâtre brut; — ardoises pour couvertures ou en tables; — plâtre brut ou préparé; — pierres à feu; — alana ou tripoli; — terre de pipe; — craie; — groisil; — pierre à aiguiser, pierre ponce, pierres ferrugineuses en émeri ou autres; — derle ou terre à porcelaine, *cailloux à faïence*; — marne; — charrée; — bitumes: succin, asphalte, naphte, pétrole, jais).				
PLOMB SULFURÉ	591,880	108,612	»	»
(sable plombifère et alquifoux).				
— MÉTALLIQUE	6,487,390	823,454	2,017,000	1,000,000
(brut; importé 14,416,329 kilog. en 1827)				

	Imp.—1827—Exp.		Imp.—1789—Exp.	
PLUMES	1,720,802 f.	1,660,579 f.	172,466 f.	»

(de parure brutes, blanches ou noires; — à écrire, brutes ou apprêtées; — à lit, en duvet de cygne, d'oie, de canard, en édredon et autres).

POILS.	7,600,040	1,551,924	1,786,000	»

(de chameau, de porc et de sanglier, de vaches et autres, propres à la chapellerie ou au feutrage, *cheveux*, etc.)

POISSON	4,808,718	629,087	2,410,000	2,085,000

(d'eau douce, frais ou préparé; de mer, frais, sec salé ou fumé, de pêche étrangère, mariné ou à l'huile. En 1827, importé, 23,801,367 kilog., il n'en a été exporté, même année, que 2,648,088 kilog.).

POIVRE ET PIMENT.	4,082,302	1,018,749	3,165,200	»
POTASSE	3,417,891	125,961	7,281,000	»

(de Russie, d'Amérique et autres; importé 5,696 484 kilog. en 1827).

Cet alcali se maintient toujours dans les mêmes proportions d'arrivages, cependant son cours s'était élevé de 20 p. o/o à la fin de 1828.

POTERIE	103,339	4,346,924	1,390,833	537,000

(de terre grossière et faïence, de grès et porcelaine. L'importation de la porcelaine, en 1789, était très faible, mais son exportation ne se montait qu'à 250,600 fr., tandis que cette exportation, en 1827, s'est élevée à 3,687,125 fr.).

PRESSURES.	48,667	5,087	»	»
PRODUITS CHIMIQUES	829,151	6,407,330	400,000	2,353,066

(acides divers, natrons, cendres de bois, sels: de marais, fossiles, sulfates divers, oxalates, tartrates, arseniates, carbonates divers, sulfures et oxides divers).

On remarquera qu'en 1827 l'importation du sel marin a été de 2,094,212 kilog. d'une valeur de 62,826 fr., et l'exportation de 97,776,758 kilog. d'une valeur de 2 953,302 fr.

	Imp.—1827—Exp.		Imp.—1789—Exp.	
QUINCAILLERIE.	2,120,497 f.	5,599,591 f.	3,850,000 f.	2,062,833

(Instrumens aratoires : faux, faucilles et autres ; — limes et râpes communes et fines, scies communes et fines, outils divers de fer, fer acier, acier pur et cuivre ou laiton ; coutellerie.)

RIZ.	2,745,961	118,989	8,526,300	»

(Importé 6,864,901 kilog en 1827 ; mais en 1828 les arrivages de cette céréale, venant des États-Unis, ont dépassé ceux de 1827 de 11,500 fûts.)

RUBANNERIE.	4,633,560	27,373,320	1,955,800	49,600
ROGNES DE MORUE.	1,656,391	»	»	»

SALPÊTRE. (Voy. Nitrate de potasse.)

SANG (de betail).	8,429	3,088	»	»
SAVON	»	3,301,466	»	3,643,500
SOIES	68,764,826	44,086,597	31,541,812	1,381,500

(en cocons, — grèges, doupions ou autres, — moulinées, doupions ou autres, — teintes, — bourre en masse, écrue, cardée, filée ou fleuret, écrue ou teinte. En 1827, importé, 1,427,391 kilog.).

SON	26,397	»	»	»

(de toutes sortes).

SOUDES	179,467	85,028	5,100,000	»

(diverses. Importé 1,196,444 kilog.).

SOUFRE	1,388,543	379,209	396,000	»

(brut, épuré ou sublimé. Importé, 13,879,254 kil. en 1827)

SUBSTANCES VÉGÉTALES	4,433,301	2,488,224	5,822,102	3,528,633

(pures, en racines : ipecacuanha, rhubarbe, salsepareille, jalap, iris de Florence, réglisse et autres racines ; — en écorces : de citron et d'oranger, de quinquina et autres ; — en herbes : absinthe et autres ; — en feuilles : d'oranger, de séné et autres ; — en fleurs : d'oranger, de lavande et autres ; — en fruits : casse, tamarin en gousses ou confit, badiane, graine de moutarde, barbotine, follicule de séné et autres fruits ; — lichens).

Imp.—1827—Exp. Imp.—1789—Exp.

SUBSTANCES 1,583,603 f. 460,834 f.

(propres à la médecine et à la pharmacie. En 1827, importé 53,653,694 sangsues, — cantharides, musc, — castoreum, corne de cerf en morceaux, — râpure de corne de cerf, — ambre gris, — éponges communes et fines).

SUCS végétaux 25,577,440 8,727,080

(en gommes d'Europe ou exotiques, — en résines du pin ou du sapin, en poix ou galipot, brai gras, goudron, térebenthine liquide ou compacte, essence de térébenthine, eau de rose, brai sec, colophane, résine d'huile; — en résines exotiques: scammonée, laudanum et autres; — en baumes: de benjoin, styrax prépare liquide, copahu, pérou et autres; — en sucs d'especes particulieres caout-chouc, aloès, opium, camphre brut et raffiné, cachou brut, manne, jus de réglisse, jus de citron et de limon, — en huiles volatiles de laurier, grasses, de ricin, de pignon, de palme, de faîne et de noix).

SUCRE 47,647,545 9,098,264 100,000,000 60,000,000

(Importé en 1827 des colonies françaises, 65,828,406 kil., dont 517,948 terré; de l'étranger, 12,128,234 kilog., dont 7,617,890 blanc ou terré.)

Sur cette quantité de 77,956,640 kil., il en a été consommé 60,317,631 kilog., d'une valeur de 31,963,081 fr., qui ont été grevés de 30,160,110 fr. de droits divers. Il est en outre entré en 1827, en sucre raffiné, en pains, poudre ou candi, 14,999 kilog., estimés 17,999 fr.

Les arrivages, en 1828, ont été de 135,000 barriques, brut, de la Martinique et de la Guadeloupe, ou 60,000,000 kilog.
185,000 sacs Bourbon, ou 10,000,000
70,000,000

Restant de l'autre année:
30,000 barriq. Guad. et Martiniq., ou 10,750,000
20,000 sacs bruts Bourbon, ou 1,000,000
Sucres étrangers en 1828, 12,500,000

Mais presque tous ces sucres étrangers, ou 7,500,000 kil., ayant

IMP.—1827—EXP. IMP.—1789—EXP

été réexportés, ne doivent être comptés que pour 3,000,000 kil ce qui fait que les arrivages, pendant 1828, formaient un total de 73,000,000 kilog en sucres de nos colonies, et la provision celui de 84,500,000 kil.

Les raffineries françaises ont pris sur cette provision et fourni à la consommation, pendant 1828

Sucres bruts de nos colonies,	72,000,000 kilog
Sucres étrangers,	3,000,000
Total,	75,000,000

D'après les droits de douanes qui existaient à la fin de 1828, on pense bien que l'importation des sucres étrangers a dû diminuer annuellement, aussi cette importation, en 1828, est à peine montée à 3,000,000 kilog., pourtant presque tout le sucre importé en France y a été consommé, plus 6 millions de kilog de sucre de betterave.

Cette diminution graduelle et le cours élevé de cette denrée a soulevé, en 1829, de hautes questions de politique, mais qui ne sont pas de notre ressort.

Quant à la quantité de sucre restant dans nos ports au 1er janvier 1829, elle était de :

2,500 barriques brut, ou	10,750,000 kilog.
1,300 surons Bourbon ou	750,000
Total,	11,500,000

SUIF.	2,697,488 f.	213,569 f.	3,579,400 f.	»
TABAC	15,067,050	348,053	8,393,040	4,256,000

(en feuilles ou en côtes 6,551,050 kilog.).

Le déficit du tabac étranger s'élève à une diminution d'importation de 5,021 boucauts, pourtant, en 1828, il en avait été soumissionné 8,000 boucauts, tandis qu'en 1829 il n'en restait guère, sur nos ports, que 6,000, quantité à laquelle pouvaient s'élever les soumissions

TABAC	1,080,683	1,776,785

(fabriqué. Il devrait être tout réexporté).

	Imp.—1827—Exp.		Imp.—1789—Exp.	
TEINTURES	3,633,325 f.	9,087,747 f.	1,024,666 f.	439,566 f.

(de garance en racines sèches ou alisari, moulue ou en paille; curcuma en racines; — orcanette; — quercitron; — écorce de pin moulue, à tan, de grenade, d'aulne, de bourdaine; — gaude; — pastel, — sumac et autres feuilles; — genestrolle ou genêt, lichens tinctoriaux, — safran; — carthame; — nerprun; — noix de galle, pesante ou legère; — avelanède).

—PRÉPARÉES.	5,147,583	3,629,970	»	»

(Cochenille, kermes en graine ou en poudre, laque naturelle ou préparée, rocou, orseille violette ou bleue, prussiate de potasse et bleu de Prusse.)

THÉ.	2,803,962	1,101,726	1,016,000	46,000

(En 1827 importé 467,327 kilog., dont 167,714 ont été consommés.)

Cette denrée diminue journellement, et les navires étrangers font maintenant leurs expéditions directement pour le Nord.

TISSUS DE LIN OU DE CHANVRE.	23,761,265	52,791,679	12,464,000	31,088,960

Export. en 1827 pour		Import. en 1827 pour
5,711,513 f.	Toile unie, écrue, avec ou sans apprêts,	14,751,664
	Toile unie, blanche ou mi-blanche,	4,961,131
25,016,052	Autres toiles teintes, imprimées, à matelas, cirées, croisées ou coutil,	1,223,694
374,448	Linges divers, de table, ouvragé, écru ou blanchi, damassé,	429,566
13,526,880	Batiste et linon,	92,160
9,209,169	Dentelle et tulle,	2,237,710
939,417	Passementerie de fils écru, blanc ou teint,	1,055,340

—DE COTON.	2,344,894	44,022,643	25,831,000	25,253,800

(Toiles, perkales et calicots, — châles et mouchoirs, — mousseline diverse, bonneterie, nankin des Indes. Importé

	Imp —1827—	Exp.	Imp —1789 —	Exp.
2,326 pieces pour 23,250 fr., en 1827, guinbes et autres toiles à carreaux des Indes).				
TISSUS DE				
LAINE.	1,867,037 f.	26,927,782 f.	»	94,375,700 f.
(Tapis, couvertures, draps, *bonneterie*, passementerie de laine blanche, étoffes diverses, serge, escot, panne, châles broches, façonnés et mélangés.) La diminution de l'exportation française devrait appeler sur elle toute la sollicitude du gouvernement et des fabricans.				
— DE CACHEMIRE.	185,100	»	»	»
(Châles.) Ces tissus étant prohibés à l'importation ne restent pas pour la *consommation*, cependant les dames, mieux que nous, savent combien le pouvoir de leurs désirs porte la fraude à rendre nulle cette mesure.)				
— DE POILS.	813	505,344	»	»
(Couvertures et tapis.)				
— DE CRIN.	59,562	273,457	»	»
(Toile à tamis et passementerie.)				
— DE SOIE.	9,446,377	117,715,617	6,506,366	30,720,438
(Étoffes, châles et mouchoirs unis et façonnés, gaze de soie pure, crêpes, dentelles, bonneterie, rubans divers)				
— DE FLEURET.	54,840	586,288	»	»
(Bonneterie.)				
TOURBES.	369	»	»	»
TRUFFES.	2,320	75,540	»	»
VIANDES	253,288	1,617,342	3,150,800	5,045,300
(fraîche de boucherie et volailles, salée, de porc ou autres).				
VANNERIE	87,278	374,331	»	»
(brute, coupée, pelee).				
VINAIGRE	4,854	1,004,024	»	»
(de vin, de bière, de cidre).				
VINS	741,500	47,695,150	476,000	37,806,000
(ordinaires: en futailles ou bouteilles et de liqueur).				

	Imp.—1827—Exp.		Imp.—1789—Exp.	
VITRIFICATIONS.	1,039,097 f.	6,540,157 f.	2,000,000 f.	900,038 f.

(Miroirs grands ou petits, bouteilles, verrerie, verroterie taillée, en grain ou email.)

ZINC	641,926	279,206	»	»

(calamine, coulé en masse, en plaques ou laminé).

VOITURES	1,138,105	900,844	843,000	»

(à ressorts et diverses).

D'après ce relevé, et surtout d'après celui de l'état des douanes, en 1827, il résulte que l'analyse des objets reçus ou livrés, ne doit être considérée que comme simple renseignement pour savoir si la France donne une valeur de travail plus ou moins grande que celle qu'elle reçoit en matières de l'étranger.

Il s'ensuit que la valeur des importations, en 1827, faites par 7,789 navires, jaugeant ensemble 828,635 tonneaux, dont 3,350 navires français, se compose 276,380,157 f. de matières premières à ouvrer, comme coton, soie, laines, teintures, bois, chanvre, sucre brut, marbre, métaux; 99,593,935 de produits naturels destinés à la consommation, comme : café, sucre, épiceries, vins et fruits, 38,162,899 d'objets fabriqués, comme toiles de lin, de chanvre ou de soieries d'Europe, donnant un total de 414,137,001 fr.

Les exportations, en 1827, faites par 8,843 navires, jaugeant ensemble 786,212 tonneaux, dont 3,522 navires français, s'élèvent à 158,197,142 fr. de matières premières brutes ou produits naturels sortis; 348,626,595 d'objets manufacturés, donnant un total de 506,825,737 fr.

Mais quant à la balance commerciale, on ne doit pas chercher à l'établir rigoureusement, puisque l'on ne peut connaître la valeur réelle des achats ni des ventes.

Pour offrir un véritable tableau des change
de la France avec les autres puissances, voici
consul de France à Londres.

IMPORTATION en France des pays suivans :	Total y compris les matières d'or et d'argent.		
	1787 à 1789.	1819 à 1825.	Augmentation ou diminution
	Francs.	Francs.	Francs
Russie. . . .	20,563,900	48,176,000	Aug. 27,612,100
Suède. . . .	21,054,200	15,555,300	Dim. 5,498,900
Danemark. . .	11,955,600	4,667,100	Dim. 7,296,400
Prusse. . . .	13,112,600	49,517,400	Aug. 37,398,900
Villes anséatiques.	38,367,500	7,738,100	Dim. 30,629,500
Autriche. . . .	98,574,600	3,113,000	Dim. 95,462,600
États d'Allemagne.	25,526,100	64,927,400	Aug. 39,401,300
Suisse. . . .	20,389,400	55,244,800	Aug. 34,855,400
Pays Bas. . . .	84,871,800	298,266,900	Aug. 213,394,500
Angleterre. . .	182,887,400	157,202,700	Dim. 25,684,700
Portugal. . . .	25, 06,700	62,132,600	Aug. 36,325,900
Espagne. . . .	255,261,800	130,258,100	Dim. 125,003,700
Sardaigne. . .	102,393,100	143,891,300	Aug. 41,497,200
Naples et Sicile. .	56,451,000	40,967,000	Dim. 15,484,000
États d'Italie. . .	20,303,100	54,643,500	Aug. 34,340,400
Turquie et Levant.	119,833,800	80,8 9,300	Dim. 39,564,500
États Unis. . .	30,694,500	115,668,900	Aug. 84,974,500
Colonies françaises	718,744,700	275,471,600	Dim. 443,273,100
Destinations inconnues y compris les prises et saisies. . . .	. . .	743,200	Aug. 743,200
Totaux-Importat.	1,875,900,700	1,610,771,400	Dim. 266,129,300
Exportat.	1,352,903,300	1,476,693,500	
Les importations ont dépassé les exportations de	522,997,400	134,077,900	

mens survenus dans les relations commerciales leur comparaison établie par M. Moreau, vice-

EXPORTATION de France dans les pays suivans:	Total y compris les matières d'or et d'argent.		
	1787 à 1789.	1819 à 1825.	Augmentation ou diminution.
	Francs.	Francs.	Francs.
Russie.	19,670,400	40,362,800	Aug. 20,792,400
Suede.	11,829,800	10,948,800	Dim. 881,000
Danemark.	17,856,200	18,203,500	Dim. 652,700
Prusse.	31,284,800	38,357,700	Aug. 7,072,900
Villes anséatiques.	188,932,900	9,118,600	Dim. 179,814,300
Autriche.	95,559,800	3,889,200	Dim 91,670,600
Etats d'Allemagne.	71,043,000	172,805,200	Aug. 101,762,100
Suisse.	63,372,100	98,534,200	Aug. 35,162,100
Pays Bas.	124,389,600	170,384,300	Aug. 45,944,600
Angleterre.	100,469,000	326,119,900	Aug. 225,650,900
Portugal.	11,355,800	31,705,900	Aug. 20,450,100
Espagne.	131,135,400	160,476,700	Aug. 29,541,300
Sardaigne.	74,926,200	61,887,100	Dim. 13,039,100
Naples et Sicile.	18,159,400	20,083,000	Aug. 1,923,600
Etats d'Italie.	48,976,700	72,632,300	Aug. 24,255,600
Turquie et Levant.	63,448,400	31,587,000	Dim. 31,871,400
Etats Unis.	4,670,900	84,904,000	Aug. 80,233,100
Colonies françaises.	279,982,900	110,768,800	Dim. 169,213,600
Destinations inconnues, prises ou saisies.	»	5,292,000	Aug. 5,292,000
Totaux.	1,352,703,300	1,476,693,500	Aug. 123790,200

Telle est notre position industrielle, que des imprudences, des chocs politiques et autres perturbations dérangent quelquefois d'une manière plus ou moins grave. Ainsi, cette position, par exemple, est partout fort gênée à l'instant où nous écrivons, et les causes en sont tellement inconnues que le gouvernement français a nommé une *Commission d'enquêtes* pour informer, en détail, sur les besoins et les demandes des diverses branches d'industrie dont quelques-unes ont à se défendre contre plus d'une voix : les propriétaires ruraux, par exemple, semblent être les ennemis des progrès industriels ; l'on dirait qu'ils craignent de voir un jour le fabricant n'avoir plus besoin de leurs produits ; mais qu'ils se rassurent : partout l'agriculture est la source des matières premières dont ne peut se passer l'industrie, qui seule aussi peut, en offrant des débouchés, et en créant des routes et des canaux, multiplier les voies d'écoulement et de communication si indispensables au cultivateur. Que notre industrie fançaise ne sommeille donc pas, et si elle veut reprendre une existence brillante, qu'elle travaille activement !

BIOGRAPHIE

DES

HOMMES LES PLUS ILLUSTRES

QUI ONT ÉCRIT SUR L'HISTOIRE DE L'INDUSTRIE OU CONTRIBUÉ A SES PROGRÈS.

ARCHIMÈDE. (Voir la MÉCANIQUE.)

ARNOULDT. Il fit paraître, sous le titre de *Balance du commerce*, un ouvrage fort utile pour l'histoire des relations commerciales de la France en 1791.

BÉLIDOR. (Voir la MÉCANIQUE.)

BERTHOUD (Ferdinand). Il naquit à Placnemont dans le comté de Neufchâtel, en 1727, et mourut à Paris en 1807. Voué toute sa vie à l'horlogerie, il devint un des hommes les plus habiles dans la mécanique de précision. Cependant il trouva encore moyen d'occuper sa plume au bénéfice de son art, de sorte qu'il fallait que sa main traçât sur le papier et exécutât sur le métal les heureuses inspirations de son génie. Si nous le citons ici, ce n'est pas comme savant ni artiste distingué, mais comme historien auquel nous devons l'*Histoire de la mesure du temps par les horloges*, In-12, 1760.

BETTANGE. On lui doit des *Recherches sur*

les monnaies de France; il ne fait remonter, dans ce pays, l'usage des monnaies d'argent qu'à 657 et celles d'or à 760, quoique l'on sache qu'il en existait sous divers rois de la première race.

BLASCO DE GARAY vivait dans le XVIe siècle et proposa, en 1543, à l'empereur et roi Charles-Quint, une machine pour faire aller les bâtimens et les grandes embarcations, même en temps de calme, sans rames et sans voiles. Cette machine consistait en une grande chaudière d'eau bouillante et dans des roues de mouvement attachées à l'un et l'autre bord du bâtiment.

BONVALLET DES BROSSES. On lui doit l'ouvrage intitulé : *Richesses et ressources de la France*, 1789; on y trouve un travail très-détaillé sur la population, les produits de la culture et des fabriques de chaque province.

BOULAINVILLIERS, né à Sainsaire en Normandie, en 1658, mort en 1722. C'était, au dire de Voltaire, le plus savant gentilhomme du royaume, en histoire. Singulier et bizarre dans son style, il voulut que la fin de sa vie fût encore en opposition avec ses paroles, et l'auteur ou traducteur des *trois imposteurs* mourut en bon catholique. Il fit paraître une espèce de statistique, sous le titre d'*État de la France*, 3 vol in-f.° On lui doit aussi plusieurs autres écrits du même genre.

CAUS (Salomon de), naquit en Normandie à la fin du XVIe siècle et mourut en France en 1630. Ce savant, qui fut tour à tour attaché en qualité d'ingénieur près du prince de Galles en Angleterre, et de l'électeur de Bavière en Allemagne, est un des mécaniciens qui fait le plus d'honneur à la France. Un des premiers il sut deviner la puissance des machines à vapeur, et ses travaux sont si utiles que, pour fixer à qui appartient l'honneur d'avoir appliqué, le premier, la force de la vapeur en France et en Angleterre, il est bon de se souvenir qu'il fit paraître, en 1615, à Francfort, un in-folio intitulé: *Raison des forces mouvantes*, dans lequel se trouve l'application detaillée de la vapeur, sur laquelle Worcester n'écrivit qu'en 1683.

FLEETWOOD (Guillaume), né à la Tour de Londres en 1656, mourut en 1723. Cet évêque se livra particulièrement à l'étude des antiquités. On a de lui, relativement au commerce, un ouvrage fort important, intitulé: *Examen des monnaies d'or et d'argent, du prix des blés, des salaires, etc., en Angleterre, pendant les six derniers siècles.* In-8°, Londres, 1707.

FRANKLIN (Benjamin), né à Boston en 1706, mourut en 1790. Comme écrivain, ce fondateur de la république des États-Unis a droit à la reconnaissance de tout industriel. On devrait toujours avoir sous les yeux le *Chemin de la fortune* ou la *Science du bonhomme Richard*

FULTON (Robert). Ce célèbre mécanicien américain naquit, vers 1765, dans le comté de Lancastre en Pensylvanie et mourut en 1815. Il essaya le premier, *sur la Seine*, le *steam boat* ou bateau à vapeur; il est bon de dire sur la Seine, car en Italie, dès 1787, suivant Serratti, un petit bateau à feu allait par lui-même sans le secours du vent, et le marquis de Jouffroy, en 1783, avait déjà fait sur la Saône, à Lyon, de nombreuses expériences avec un bateau à vapeur de 150 tonneaux.

GAUBERT (l'abbé), naquit à Bordeaux vers 1715 et mourut à Paris vers 1780. Ce docte abbé partagea son temps entre le culte du Tout-Puissant et celui des lettres. Ainsi, après avoir traduit l'Imitation de J.-C., il publia son *Dictionnaire raisonné des arts et métiers* qui n'est pas sans mérite, au moins pour l'histoire.

GOGUET (Antoine-Yves). Il naquit à Paris en 1716 et y mourut en 1758. Son étude spéciale fut celle des arts chez les anciens, et c'est à lui que nous devons, en partie, ce que nous savons sur l'industrie des Juifs, des Égyptiens, des Phéniciens et autres peuples qui précédèrent notre ère vulgaire. Les recherches de cet auteur sont déposées dans un ouvrage ayant pour titre : *Origine des lois, des arts*, *des sciences et de leurs progrès chez les anciens peuples.* 3 vol. in-4°, 1758.

HÉRON D'ALEXANDRIE. Ce savant mécanicien s'est rendu trop célèbre pour que nous ne le citions pas, au moins comme monument historique.

HERRMANN (Jean-Christian). On lui doit un travail fort important sur le *commerce et l'industrie des États d'Allemagne*, qui parut en 1788, et s'étend aussi sur l'Amérique et l'Angleterre.

HUET (Pierre Daniel). Il naquit à Caen en 1630 et mourut à Paris en 1721. Ce fut un des hommes les plus savans de son temps; aussi fut-il choisi, avec Bossuet, pour veiller à l'éducation du dauphin, pour lequel il conçut le plan des éditions des auteurs classiques à l'usage du dauphin; mais c'est comme historien que nous en parlons ici, et son *Histoire du commerce et de la navigation des anciens* sera toujours fort utile à l'histoire de l'industrie.

NECKER (Jacques), né à Genève en 1734, y mourut en 1804. Habitué, dès sa jeunesse, aux affaires commerciales, il fut, pendant quelque temps, appelé à gouverner les finances de la France; malheureusement son crédit ne put combler le déficit. On a de lui la *Statistique des généralités*; ce fut long-temps le seul travail que l'on eut sur l'état intérieur de la France.

OLIVIER DE SERRES. (Voir l'AGRICULTURE.)

PEUCHET. On a de lui un fort bon travail sur l'industrie commerciale, c'est le *Dictionnaire universel de la géographie commerçante*, 1801 ; il est très-utile à l'histoire industrielle de cette époque. Cet ouvrage est en outre suivi des termes de commerce et d'une statistique fort imparfaite actuellement, il est vrai, mais qui n'en est pas moins curieux.

RÉAUMUR (René-Antoine Ferchault, seigneur de), né à la Rochelle en 1683, mort en 1757. Ses *mémoires* sont autant de monumens historiques.

RICARD (Samuel) fit paraître, en 1781, un *Traité général du commerce*, dans lequel la partie historique n'est pas négligée.

ROLIER (l'abbé). (Voir l'AGRICULTURE.)

SAVARY (Jacques), né à Doue, dans l'Anjou, en 1622, mourut à Paris en 1690. Il fut commis marchand mercier, puis obtint la ferme des domaines de la couronne. Savary était assurément un des premiers financiers de son époque, et s'il dut la perte de sa fortune à son mérite en finances qui l'avait fait protéger par Fouquet dont il partagea la disgrâce, il lui dut aussi, plus tard, une existence honorable. Il se fit surtout connaître par son *Parfait négociant* qui parut en 1675.

BIBLIOGRAPHIE

OU

CATALOGUE RAISONNÉ

DES PRINCIPAUX OUVRAGES RELATIFS A L'HISTOIRE DE L'INDUSTRIE.

Histoire de l'industrie.

OEUVRES D'ARCHIMÈDE, traduites par S. PEYRARD. 1 vol. in-4°. Paris, 1807. — Cet ouvrage, plus savant que technologique, est surtout fort curieux sous le rapport historique, parce qu'il est suivi d'un mémoire de M. Delambre sur l'arithmétique des Grecs.

MACHINES ET INVENTIONS approuvées par l'académie royale des Sciences; par GALLON. 7 vol. in-4°. Paris. — Cet ouvrage contient tout ce qui fut publié dans les applications à l'industrie, depuis 1666 jusqu'en 1777.

ORIGINE DES LOIS, *des arts et des sciences*; par GOGUET. 3 vol. in-4°. Paris, 1758. — Cet ouvrage, qui parcourt les temps depuis l'origine des sociétés jusqu'à Cyrus, est un bon monument historique pour l'histoire de l'industrie; il renferme cependant un grand nombre d'hypothèses, mais la plupart d'entre elles semblent porter un cachet de vérité.

HISTOIRE DU COMMERCE *et de la navigation des anciens;* par Huet. 1 vol. in-8°. Lyon, 1763. — Cet ouvrage, composé à la sollicitation de Colbert, offre des faits curieux, ainsi que les *Mémoires sur le commerce des Hollandais dans les États et empire du monde,* attribués au même auteur.

HISTOIRE DES DÉCOUVERTES *dans les arts et les sciences.* 1 vol. in-12, traduit de l'anglais. Lyon, 1767. — C'est l'historique des découvertes relatives au commerce, à la navigation et à l'industrie, faites dans toutes les parties du monde.

SECRETS CONCERNANT *les arts et métiers.* 4 vol. in-12. Paris, 1790. — La plupart des procédés décrits dans cet ouvrage font sourire aujourd'hui, mais il n'en est pas moins utile à l'histoire de l'industrie.

INDUSTRIE FRANÇAISE; par M. le comte Chaptal. 2 vol. in-8°. Paris, 1819. — Il appartenait au créateur de la chimie industrielle en France, et en même temps à un ancien ministre de cet État, de réunir et de publier ce tableau historique, qui offre des faits de la plus haute importance pour l'industrie.

RAPPORT SUR LES PRODUITS *de l'in-*

dustrie française en 1823 ; par MM. Hericart de Thury et Migneron. 1 vol. in-8°. Paris, 1824. — Ce rapport est un monument historique fort utile pour notre industrie.

STATISTIQUE GÉNÉRALE; par M. Moreau de Jonnès. 2 vol. in 8°. Paris, 1828. — Cet important ouvrage, qui remporta le prix proposé à Marseille sur la statistique, offre des calculs du plus haut intérêt pour quiconque veut suivre les progrès et la marche de l'industrie.

ABRÉGÉ DE L'HISTOIRE *du commerce et de l'industrie*; par M. Blanqui. 1 vol. in-18. Paris, 1826. — Dessiner rapidement et à grands traits l'histoire commerciale des peuples, combattre à outrance tout monopole, voilà quelle a été la tâche de M. Blanqui; tâche qu'il a remplie avec le talent qu'il avait déployé dans son *Précis d'économie politique*; mais comme il n'entre dans aucun détail, son ouvrage est pour ainsi dire l'introduction de notre *Précis de l'histoire de l'industrie*, dans lequel au contraire nous avons cherché à placer autant que possible tous ces détails.

HISTOIRE FINANCIÈRE DE LA FRANCE, *depuis l'origine de la monarchie jusqu'à l'année* 1828; par M. J. Bresson. 2 vol. in-8°. — Cet ouvrage, qui vient de paraître, expose les différens modes d'impôts en usage avant la révolution et de curieuses considérations sur la marche du crédit public et les progrès du système financier.

Dictionnaires concernant l'industrie.

DICTIONNAIRE DE LA GÉOGRAPHIE *commerçante;* par PEUCHET. 5 vol. in-4°. Paris, 1799. — Cet ouvrage, fort utile pour l'histoire de l'industrie, est assez estimé.

ENCYCLOPÉDIE MÉTHODIQUE. — Ce vaste monument historique offre à l'histoire de l'industrie des articles parfaitement traités, par le chevalier DE JOUFFROY.

DICTIONNAIRE PORTATIF *des arts et métiers.* 5 vol. in-12. Paris, 1766-1773. — Ce recueil peut offrir un tableau des anciens procédés admis dans les arts et métiers avant notre siècle.

DICTIONNAIRE UNIVERSEL *de commerce.* 2 vol. in-4°. Paris, 1805. — Cet ouvrage, quoique peu ancien, laisse déjà beaucoup à désirer sous le rapport des transactions financières modernes.

DICTIONNAIRE DES DÉCOUVERTES faites en France, de 1789 à 1820, dans les sciences, les arts, le commerce et l'industrie, etc. 16 vol. in-8°. Paris, — Cet ouvrage, fort volumineux, est utile pour l'histoire moderne des arts et de l'industrie, mais laisse beaucoup à désirer.

DICTIONNAIRE TECHNOLOGIQUE. In-8°, Paris. (En publication.) — Les célèbres auteurs de ce dictionnaire se sont attachés à rendre publics les nouveaux procédés admis dans les arts et les métiers. Malheureusement, comme on ne peut être universel, ils ont, au milieu d'excellentes choses, placé beaucoup d'erreurs, et l'historique des faits est quelquefois trop abrégé.

Collections et recueils industriels.

HISTOIRE DE L'ACADÉMIE *des sciences*, depuis 1699. — Ce titre seul rappelle assez un des plus beaux monumens historiques en faveur des sciences.

DESCRIPTION DES MACHINES *et procédés spécifiés dans les brevets d'invention*; par MM. MOLARD et CHRISTIAN. In-4°. Paris, 1812-1829. — Cette collection, fort précieuse malgré les erreurs qu'elle renferme, est un monument historique élevé à la honte du charlatanisme : malheureusement cet ouvrage lui-même, quoique publié d'après les ordres du gouvernement, semble, par sa cherté, un monopole en faveur seulement du riche industriel.

ARCHIVES DES DÉCOUVERTES *et des inventions*. In-8°. Paris. — Le premier volume de cette collection parut en 1809, et les éditeurs en publient un chaque année. C'est un tableau méthodique des procédés nouveaux introduits chaque année dans les arts.

JOURNAL DES ARTS *et manufactures*. 3 vol. in-8°. Paris, 1795. — Ce recueil est utile pour l'historique de la fécule de pommes-de-terre, du blanchîment Berthollien, des quinquets et autres découvertes de cette époque.

ANNALES DES ARTS *et manufactures;* par O'Reilly et Barbier de Vémars. In-8°. Paris. — Cette collection, qui commença en 1800, est assez utile pour l'histoire des manufactures, et quelques procédés y sont assez bien décrits.

BULLETIN DE LA SOCIÉTÉ *d'encouragement*. In-4°. Paris. — Cet important ouvrage, commencé en l'an x, est un des principaux monumens historiques de notre industrie.

BULLETIN DES SCIENCES technologiques, sous la direction de M. le baron de Férussac. In-8°. Paris.— Un jour à venir, ce recueil, qui ne date que de 1824, sera une analyse précieuse des perfectionnemens apportés dans les métiers.

ANNALES DE L'AGRICULTURE *française;* par MM. Tessier et Bosc. In-8°. Paris, 1798-1829. 1re et 2e séries.— Ces annales, divisées en deux parties, offrent l'histoire détaillée de l'agriculture moderne en France.

ANNALES DE CHIMIE *et de physique;* par MM. Gay-Lussac et Arago. In-8°. Paris. — Dans ces annales et dans celles qui les précédèrent depuis 1789 jusqu'en 1816, sous le seul titre d'*Annales de chimie*, l'on trouve l'histoire complète de la chimie moderne.

VOCABULAIRE

ET

TABLE ALPHABÉTIQUE

DES INVENTIONS ET DÉCOUVERTES.

A

B

C

D

E

F

G

H

I

J

Q

R

S

T

U

V

W

Y

Z

FIN DE L'HISTOIRE DE L'INDUSTRIE.

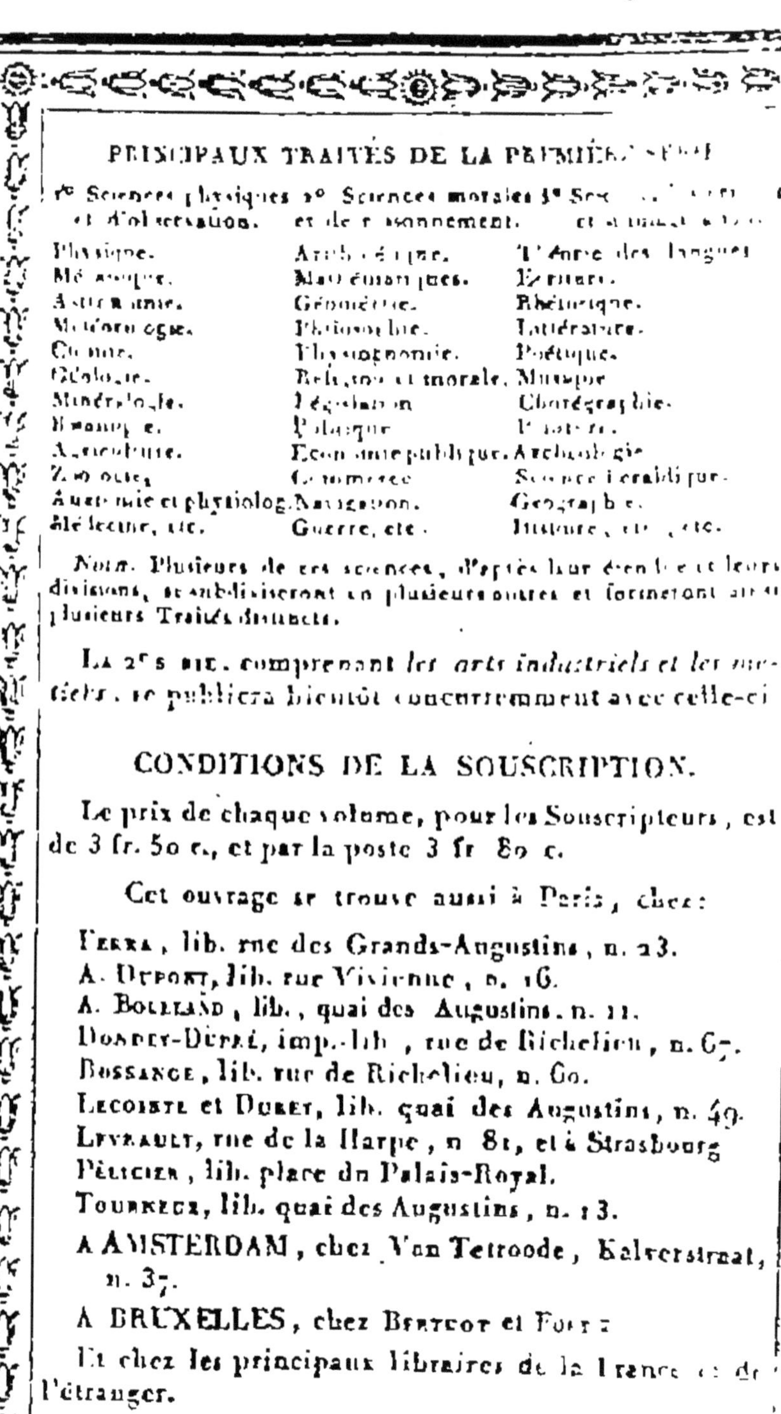

PRINCIPAUX TRAITÉS DE LA PREMIÈRE SÉRIE

1° Sciences physiques et d'observation.	2° Sciences morales et de raisonnement.	3° Sciences [illegible] et [illegible]
Physique.	Arithmétique.	Théorie des langues.
Mécanique.	Mathématiques.	Écriture.
Astronomie.	Géométrie.	Rhétorique.
Météorologie.	Philosophie.	Littérature.
Chimie.	Physiognomonie.	Poétique.
Géologie.	Religion et morale.	Musique.
Minéralogie.	Législation.	Chorégraphie.
Botanique.	Politique.	Peinture.
Agriculture.	Économie publique.	Archéologie.
Zoologie.	Commerce.	Science héraldique.
Anatomie et physiolog.	Navigation.	Géographie.
Médecine, etc.	Guerre, etc.	Histoire, etc., etc.

Nota. Plusieurs de ces sciences, d'après leur étendue et leurs divisions, se subdiviseront en plusieurs autres et formeront ainsi plusieurs Traités distincts.

La 2e série, comprenant *les arts industriels et les métiers*, se publiera bientôt concurremment avec celle-ci.

CONDITIONS DE LA SOUSCRIPTION.

Le prix de chaque volume, pour les Souscripteurs, est de 3 fr. 50 c., et par la poste 3 fr. 80 c.

Cet ouvrage se trouve aussi à Paris, chez :

Ferra, lib. rue des Grands-Augustins, n. 23.
A. Dupont, lib. rue Vivienne, n. 16.
A. Boulland, lib., quai des Augustins, n. 11.
Dondey-Dupré, imp.-lib., rue de Richelieu, n. 67.
Bossange, lib. rue de Richelieu, n. 60.
Lecointe et Durey, lib. quai des Augustins, n. 49.
Levrault, rue de la Harpe, n. 81, et à Strasbourg.
Pélicier, lib. place du Palais-Royal.
Tourneux, lib. quai des Augustins, n. 13.

A AMSTERDAM, chez Van Tetroode, Kalverstraat, n. 37.

A BRUXELLES, chez Berthot et [illegible]

Et chez les principaux libraires de la France et de l'étranger.

www.ingramcontent.com/pod-product-compliance
Ingram Content Group UK Ltd.
Pitfield, Milton Keynes, MK11 3LW, UK
UKHW012159240726
13966UKWH00002B/462